Trevallars carambole: Liten tabell cirkel mönster

Från professionella mästerskapsturneringar

Testa dig mot professionella spelare

Allan P. Sand
PBIA Certifierad Biljardinstruktör

ISBN 978-1-62505-357-2
PRINT 7x10

ISBN 978-1-62505-521-7
PRINT 8.5x11

First edition

Published by Billiard Gods Productions.
Santa Clara, CA 95051
U.S.A.

For the latest information about books and videos, go to: http://www.billiardgods.com

Acknowledgements

Wei Chao created the software that was used to create these graphics.

Innehållsförteckning

Other books by the author ...

3 Cushion Billiards Championship Shots (a series)

Carom Billiards: Some Riddles & Puzzles

Carom Billiards: MORE Riddles & Puzzles

Why Pool Hustlers Win

Table Map Library

Safety Toolbox

Cue Ball Control Cheat Sheets

Advanced Cue Ball Control Self-Testing Program

Drills & Exercises for Pool & Pocket Billiards

The Art of War versus The Art of Pool

The Psychology of Losing – Tricks, Traps & Sharks

The Art of Team Coaching

The Art of Personal Competition

The Art of Politics & Campaigning

The Art of Marketing & Promotion

Kitchen God's Guide for Single Guys

Introduktion

Detta är en av en serie Carom Biljardböcker som visar hur professionella spelare fattar beslut, baserat på bordslayouten. Alla dessa layouter är från internationella tävlingar.

Dessa layouter sätter dig inuti spelarens huvud, börjar med bollarnas positioner (visas i första tabellen). Den andra tabellen layout visar vad spelaren bestämde sig för att göra.

Om bordslayouten

Det här är de tre bollarna på bordet:

Ⓐ (CB) (din biljardboll)

⊙ (OB) (motståndare biljardboll)

● (OB) (röd biljardboll)

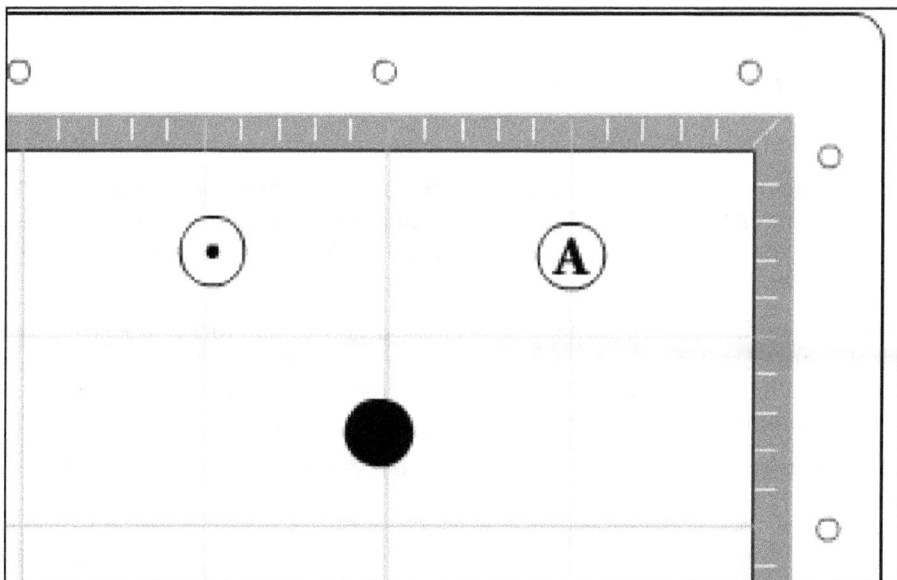

Varje konfiguration har två tabelllayouter. Den första tabellen är bollpositionerna. Den andra tabellen är hur bollarna rör sig på bordet.

Tabellinställningsanvisningar

Använd pappersbindningsringar för att markera kulans positioner (köp på vilken som helst kontorsleveransbutik).

Placera ett mynt vid varje bordsduk som (CB) kommer att röra.

Jämför din (CB) -väg med den andra tabellkonfigurationen. För att lära dig kan du behöva flera försök. Efter varje misslyckande, gör justering och försök igen tills du lyckas.

Syftet med layouterna

Dessa layouter finns för två ändamål.

* Din analys - Hemma kan du överväga hur du spelar konfigurationen på den första tabellen. Jämför dina idéer med det faktiska mönstret på den andra tabellen. Tänk på din lösning och överväga alternativ. Från den andra tabellen kan du också analysera hur man följer mönstret. Mentalt spela skottet och bestämma hur du kan lyckas.

* Öva bordkonfigurationen - Placera bollarna i position enligt den första tabellen konfigurationen. Försök att skjuta på samma sätt som det andra bordsmönstret. Du kan behöva många försök innan du hittar rätt sätt att spela. Så här kan du lära dig och spela dessa skott under tävlingar och turneringar.

Kombinationen av mental analys och praktisk praxis gör dig till en smartare spelare.

A: 1/4 bord

(CB) rör sig inom en fjärdedel av bordet. (CB) kommer från den första (OB) och in i den långa vallar, den korta vallar och den motsatta långa vallar. Då kontaktar (CB) den andra (OB).

(A) (CB) (din biljardboll) - (•) (OB) (motståndare biljardboll) - ● (OB) (röd biljardboll)

A: Grupp 1

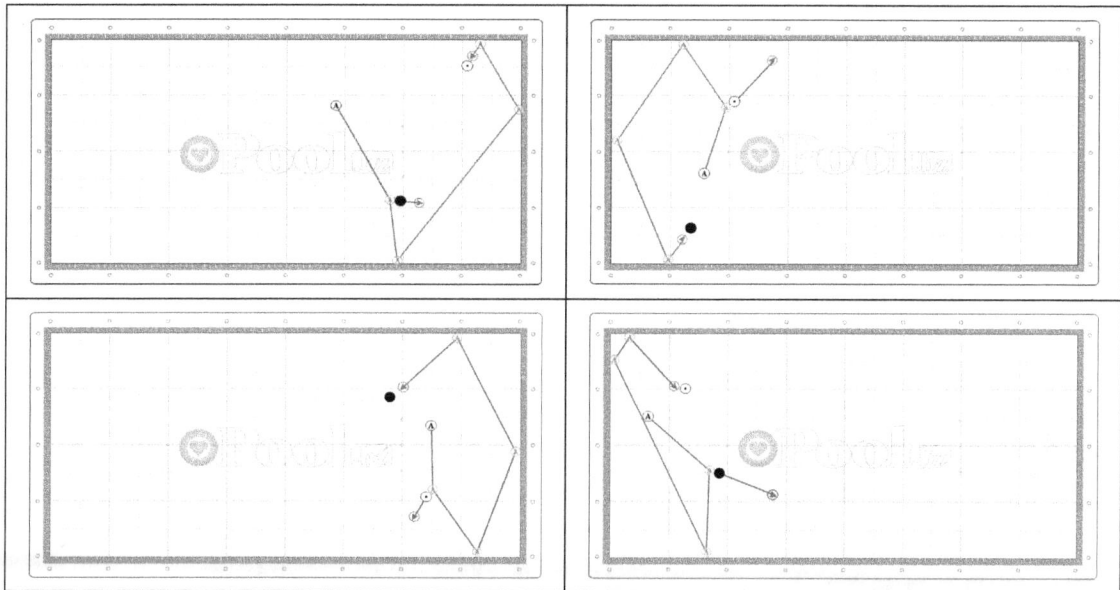

Analys:

A:1a. _____

A:1b. _____

A:1c. _____

A:1d. _____

A:1a – Inrätta

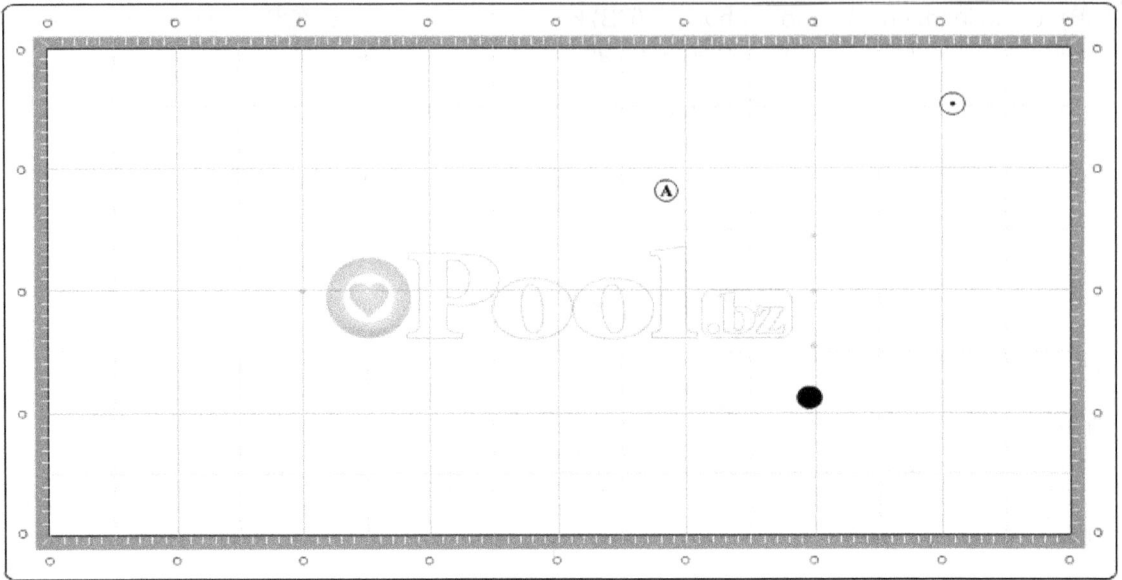

Anteckningar och idéer:

Skottmönster

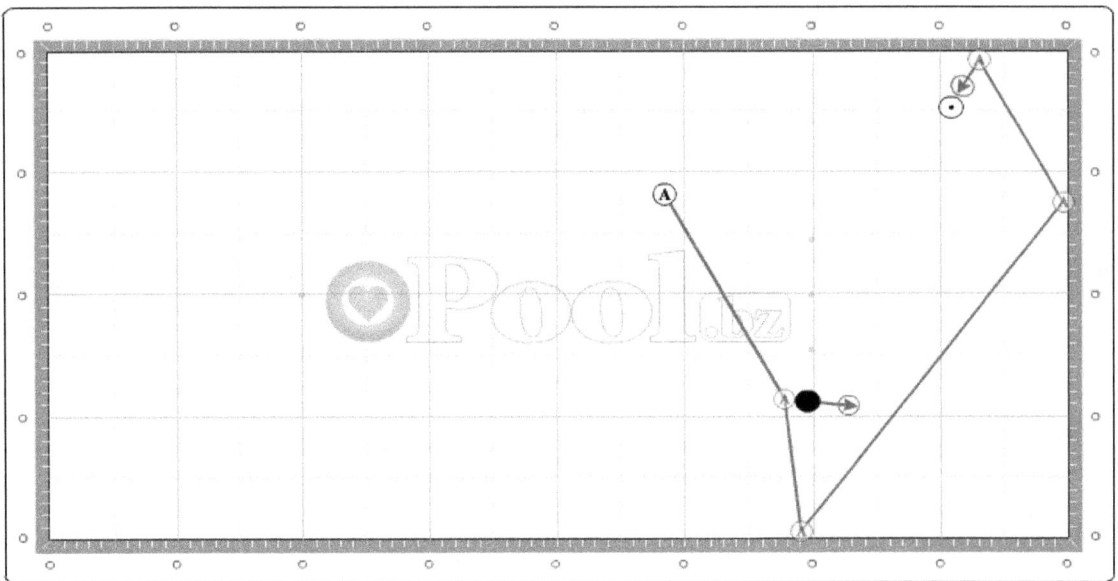

A:1b – Inrätta

Anteckningar och idéer:

Skottmönster

C:1c – Inrätta

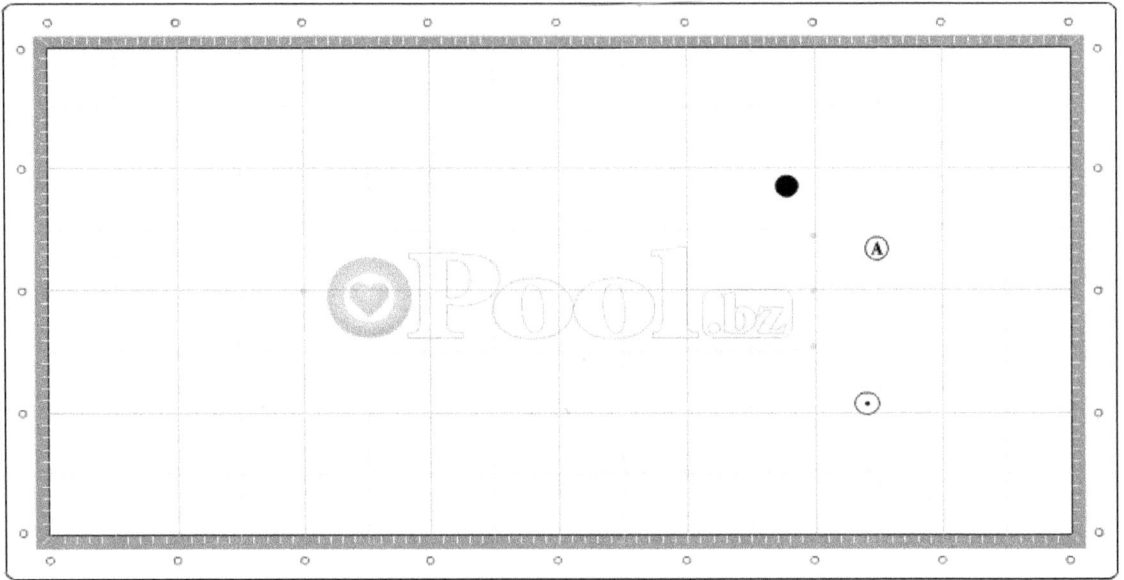

Anteckningar och idéer:

Skottmönster

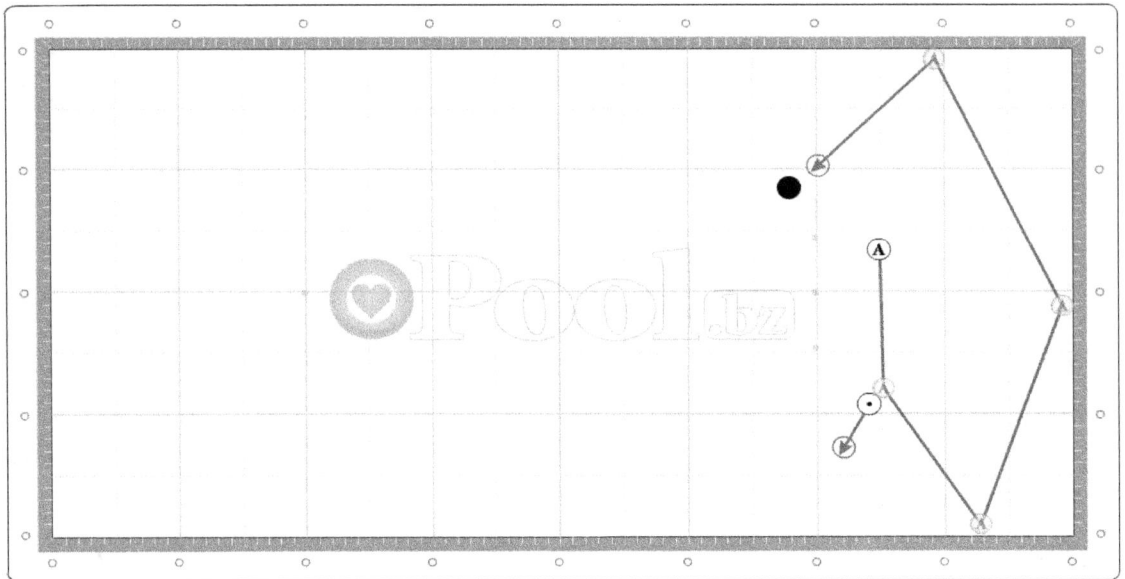

A:1d – Inrätta

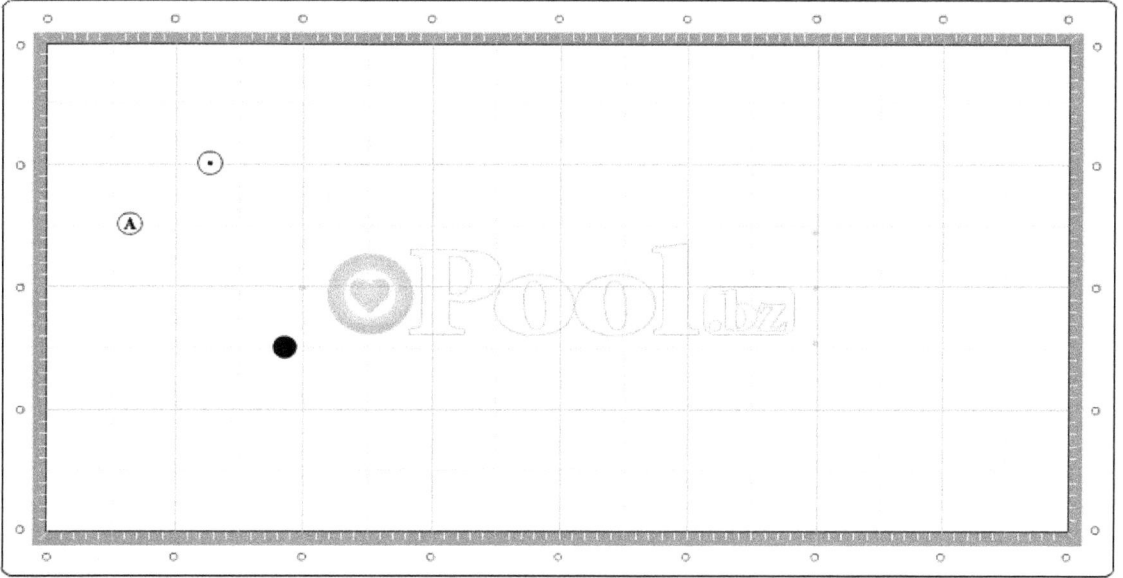

Anteckningar och idéer:

Skottmönster

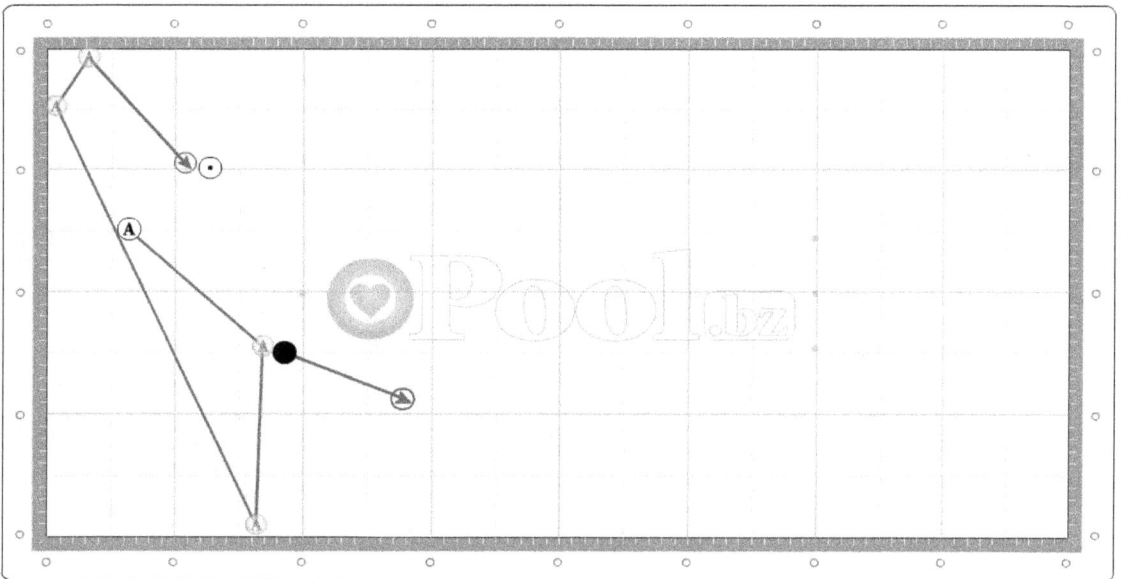

A: Grupp 2

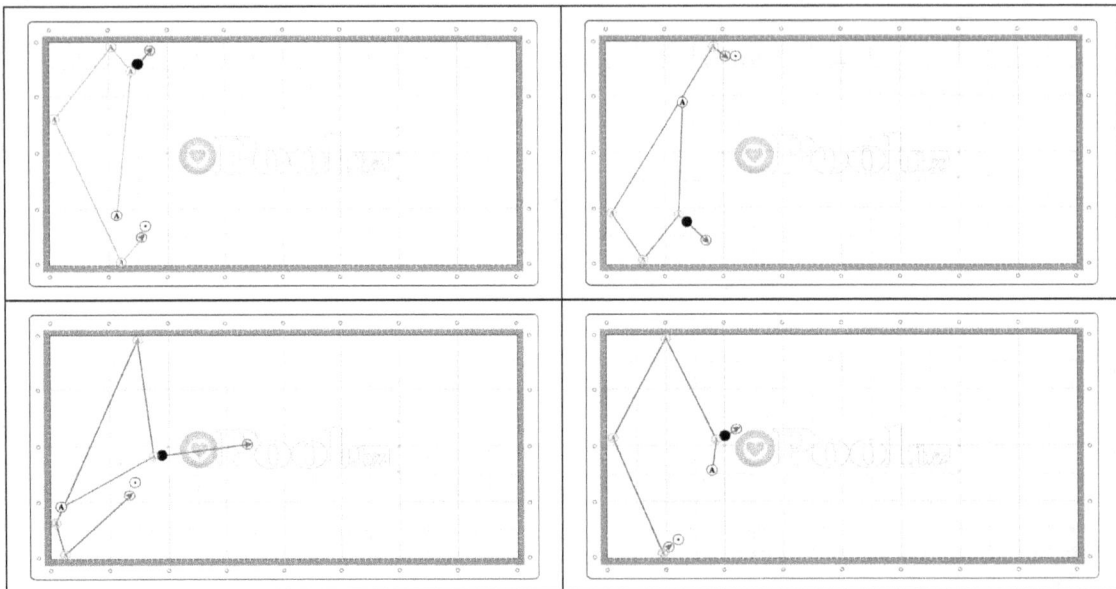

Analys:

A:2a. _____

A:2b. _____

A:2c. _____

A:2d. _____

A:2a – Inrätta

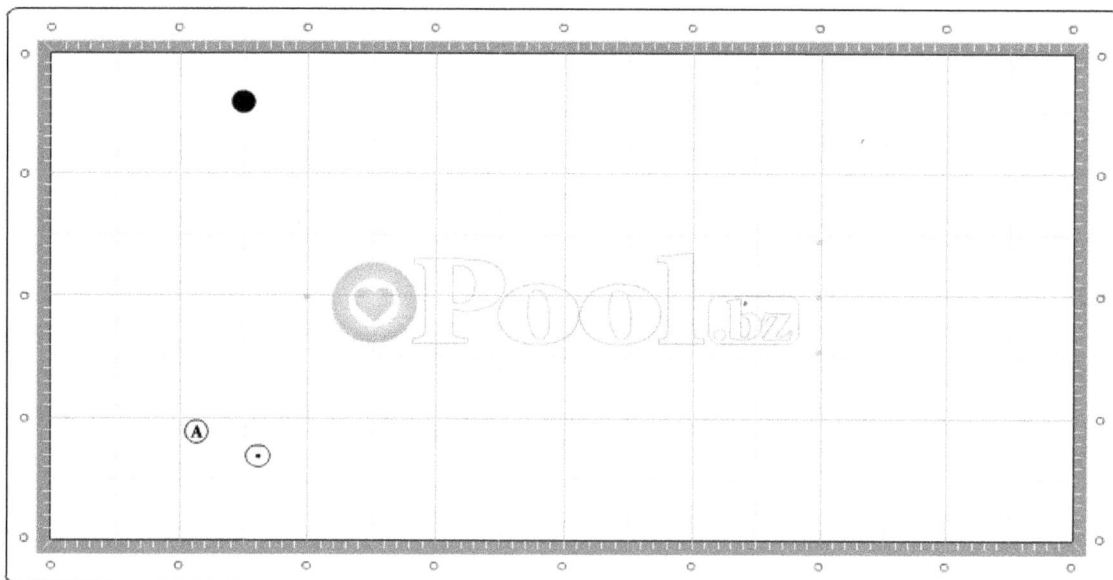

Anteckningar och idéer:

Skottmönster

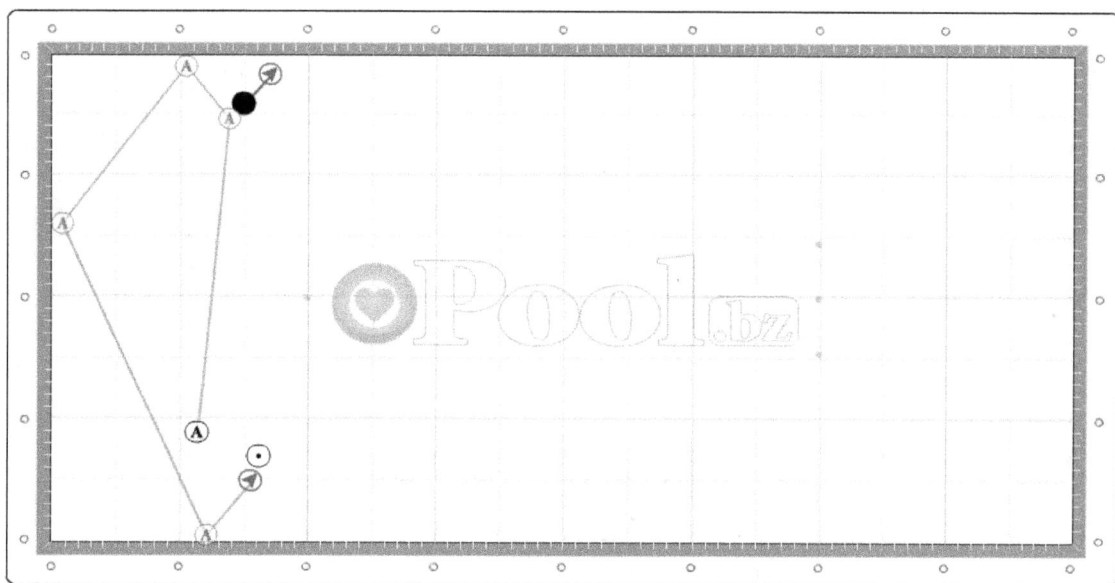

A:2b – Inrätta

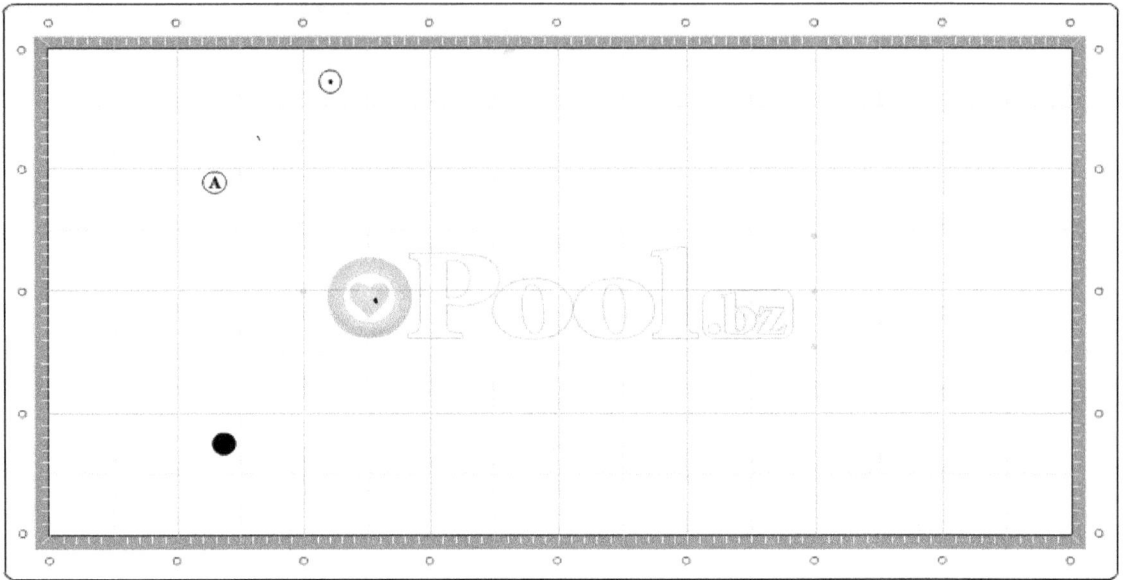

Anteckningar och idéer:

Skottmönster

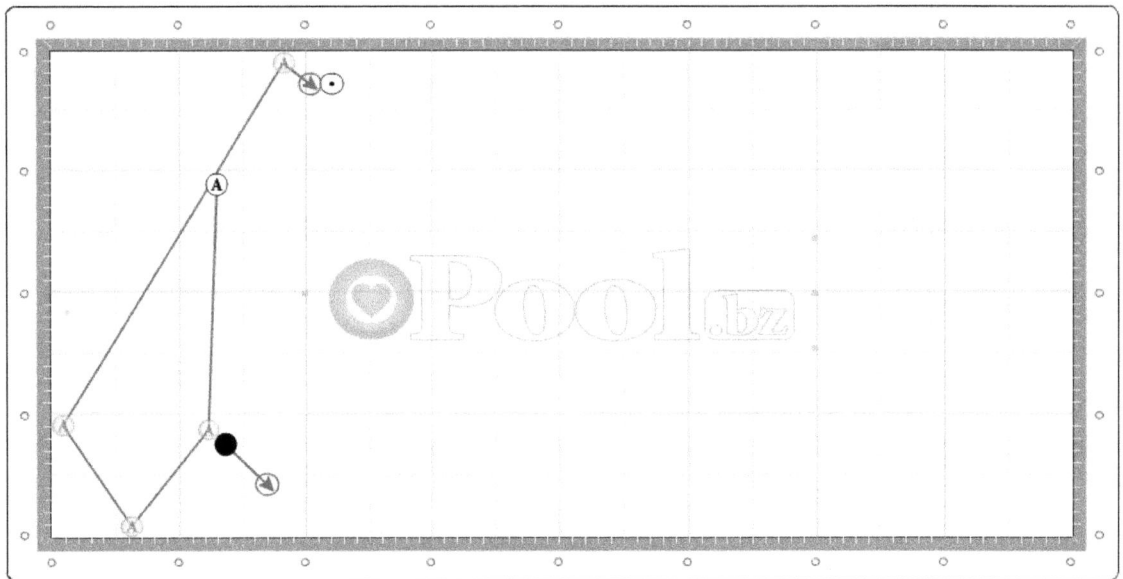

A:2c – Inrätta

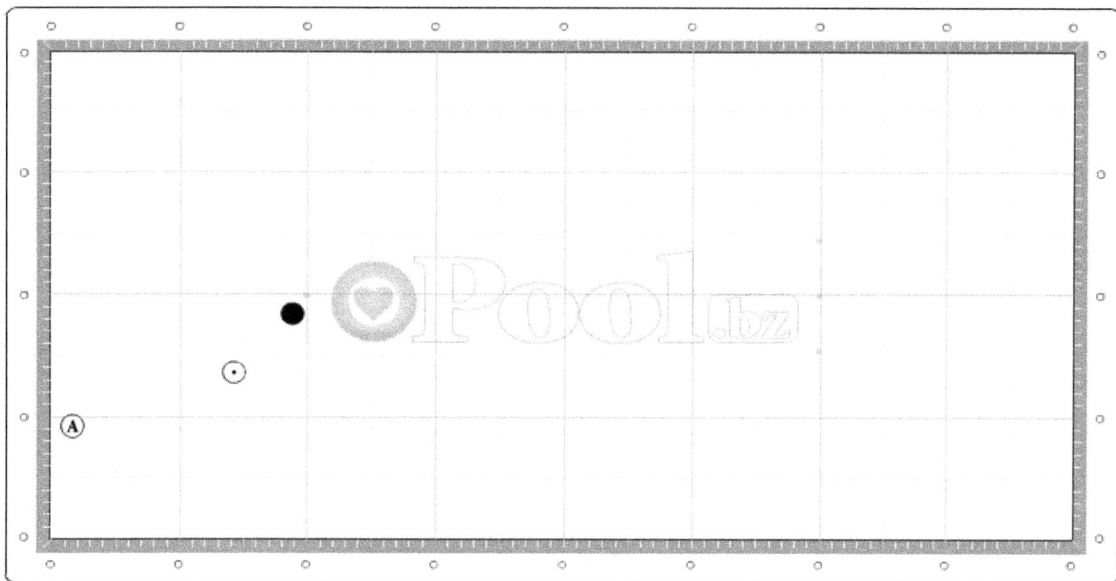

Anteckningar och idéer:

Skottmönster

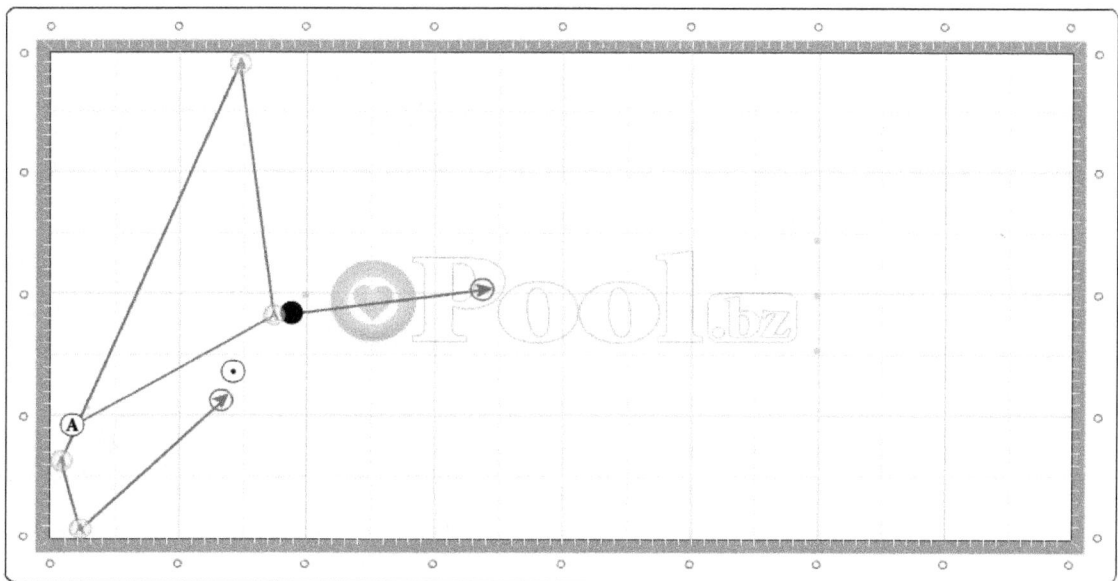

A:2d – Inrätta

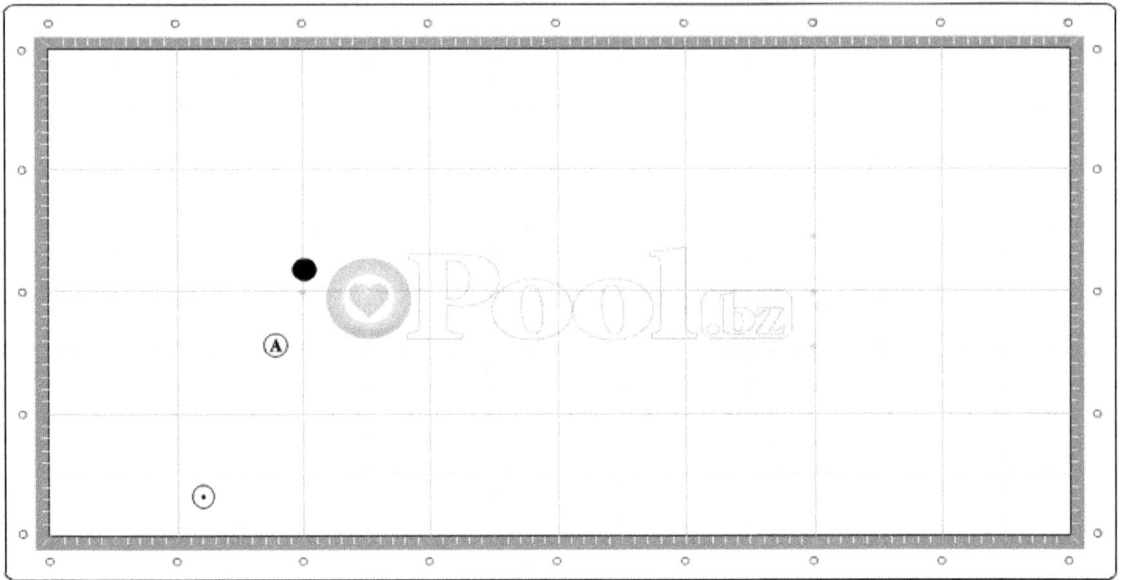

Anteckningar och idéer:

Skottmönster

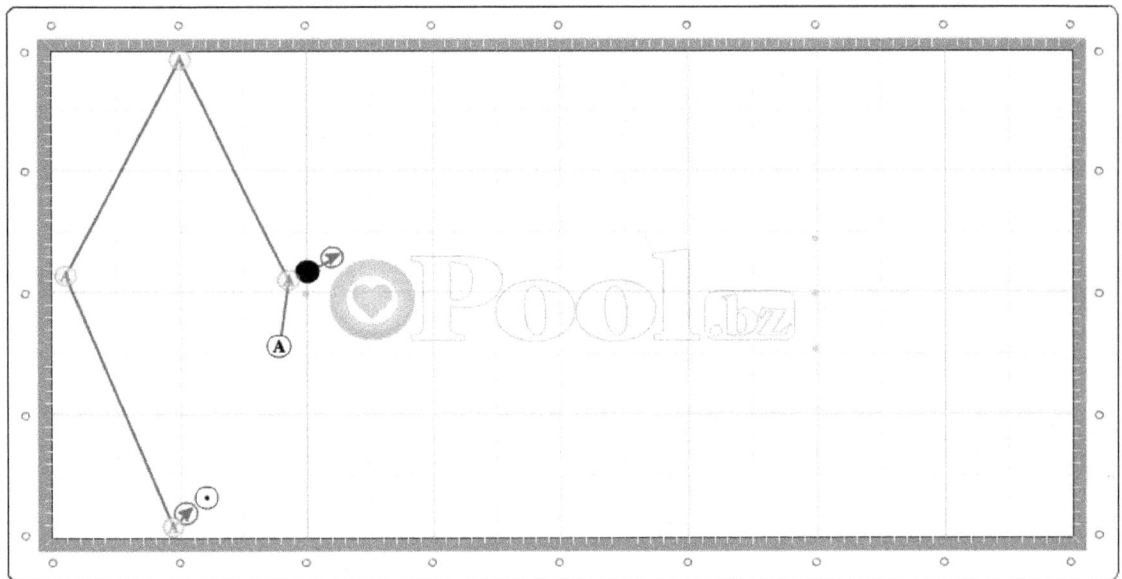

A: Grupp 3

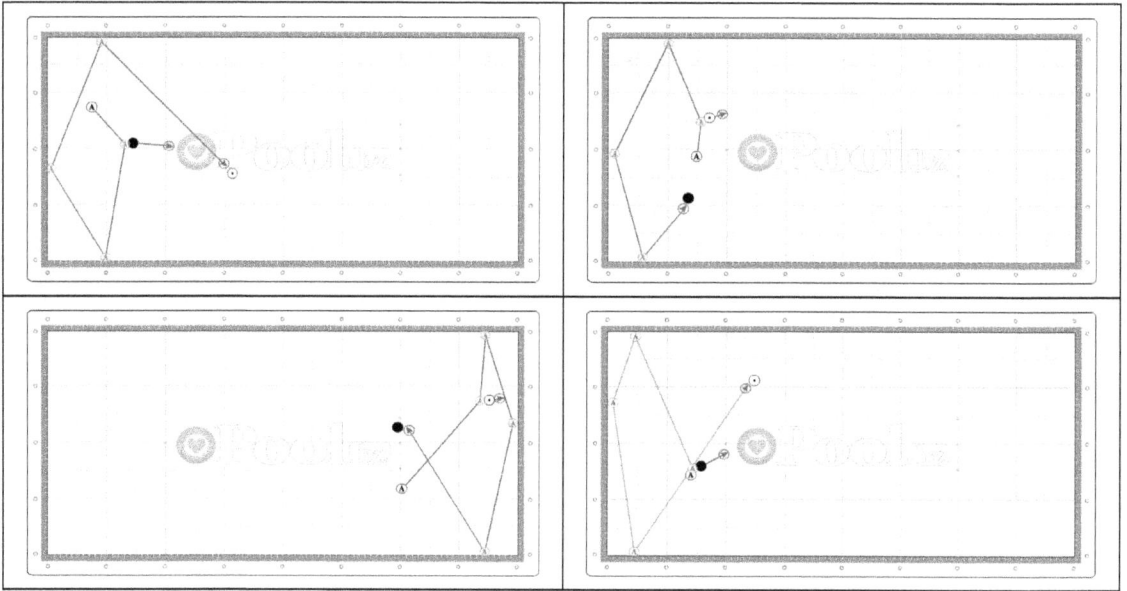

Analys:

A:3a. _____

A:3b. _____

A:3c. _____

A:3d. _____

A:3 – Inrätta

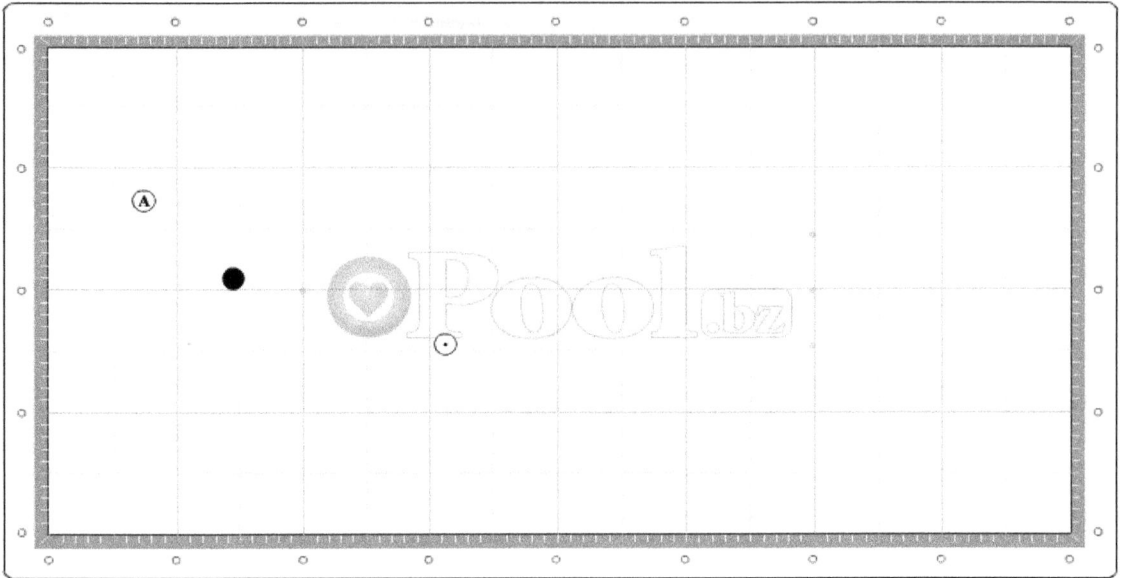

Anteckningar och idéer:

Skottmönster

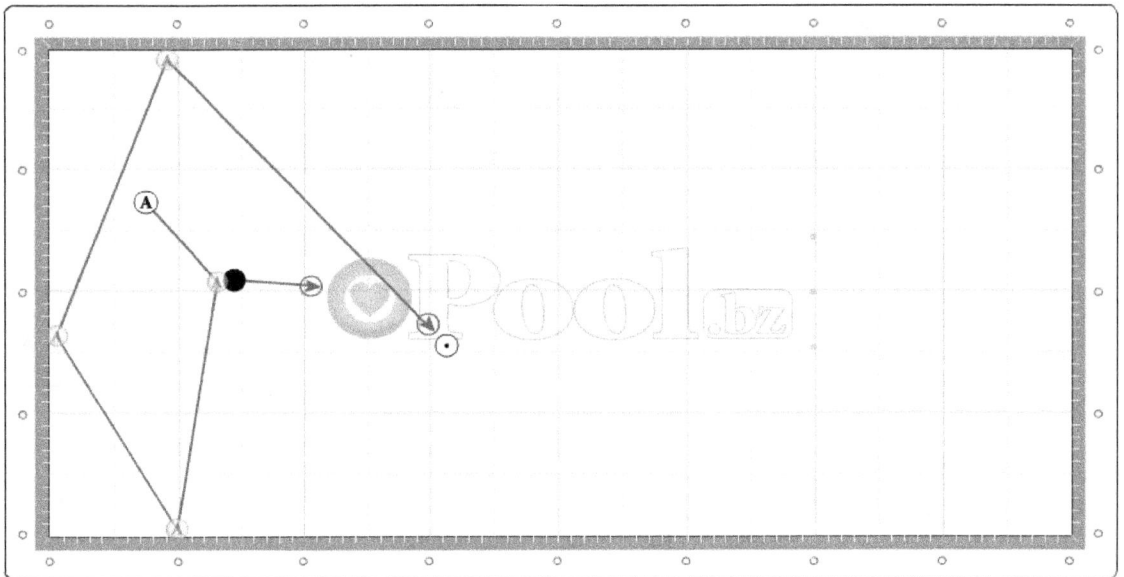

A:3b – Inrätta

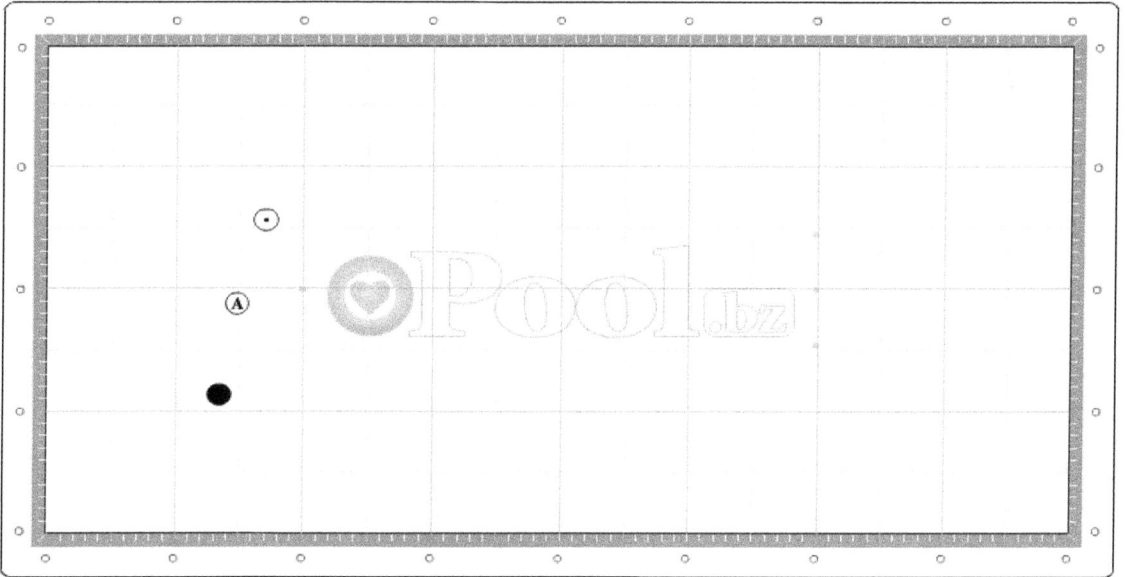

Anteckningar och idéer:

Skottmönster

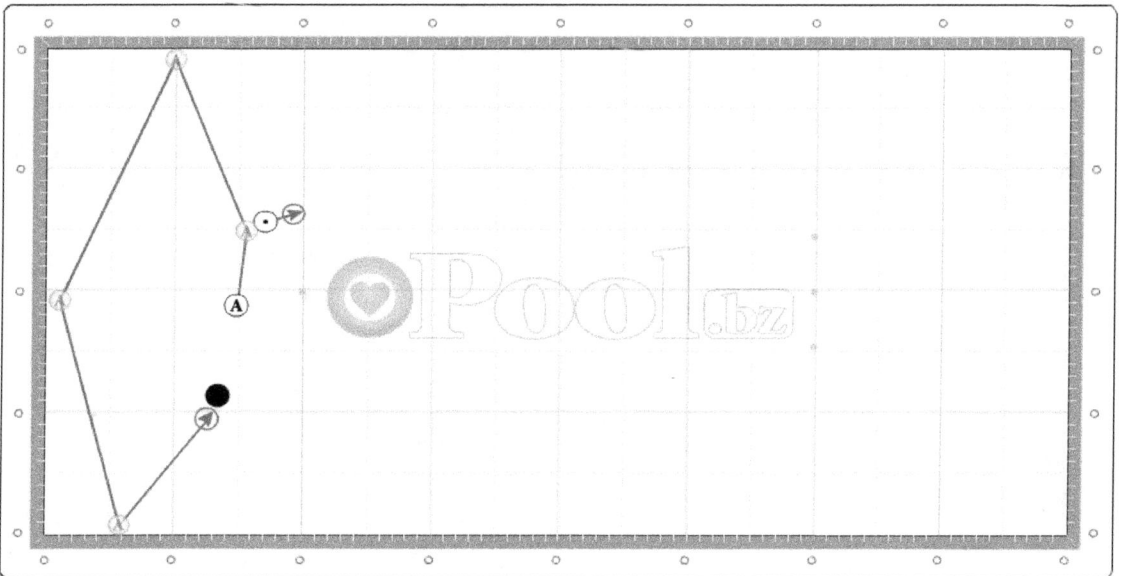

A:3c – Inrätta

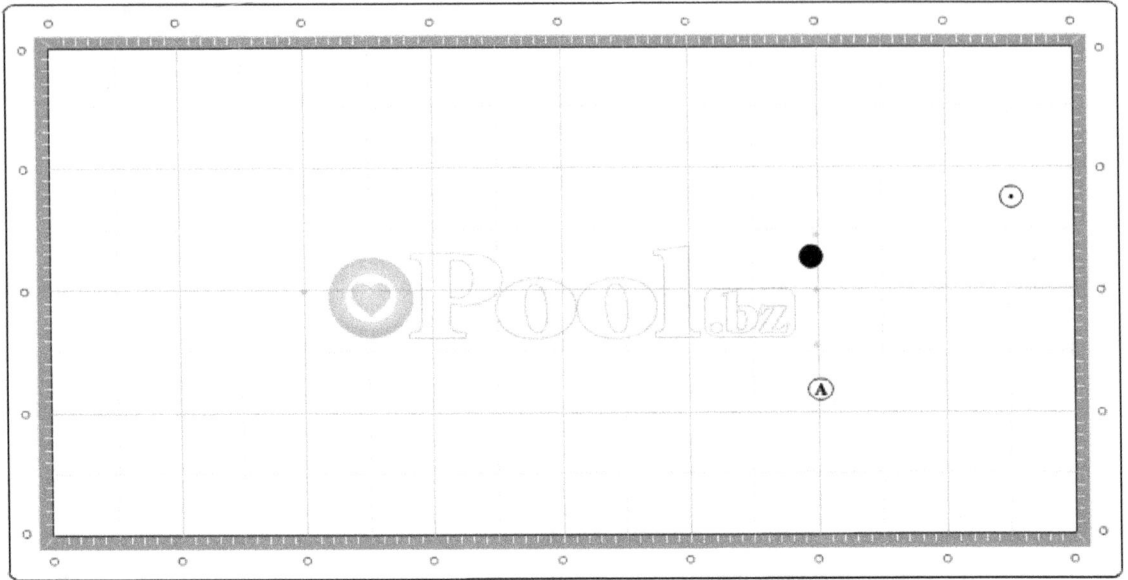

Anteckningar och idéer:

Skottmönster

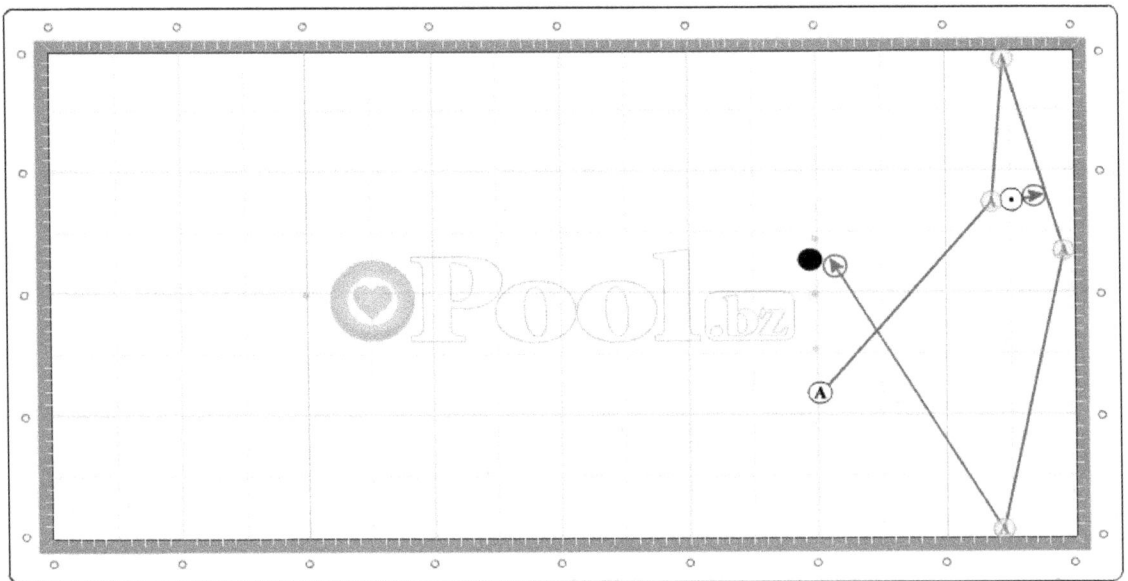

A:3d – Inrätta

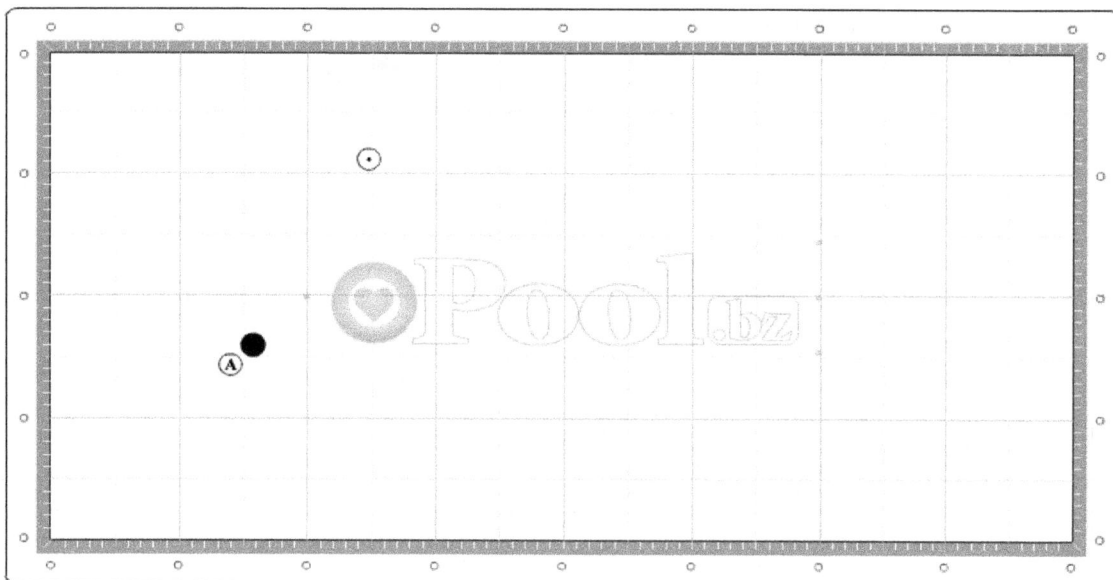

Anteckningar och idéer:

Skottmönster

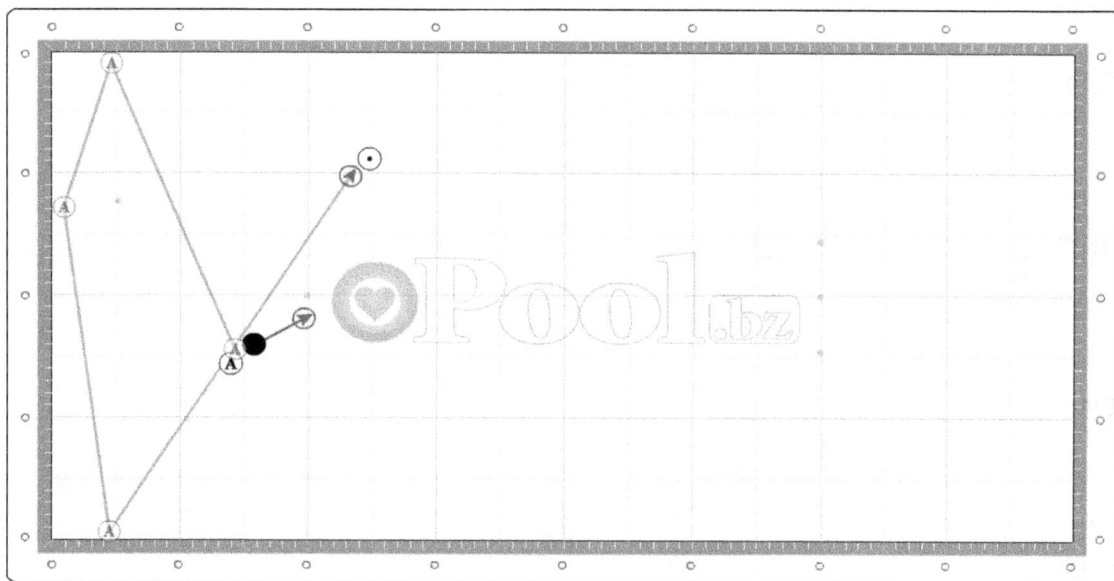

B: 1/8 bord

(CB) reser till en liten åttondel av bordet.

Ⓐ (CB) (din biljardboll) - ⊙ (OB) (motståndare biljardboll) - ⬤ (OB) (röd biljardboll)

B: Grupp 1

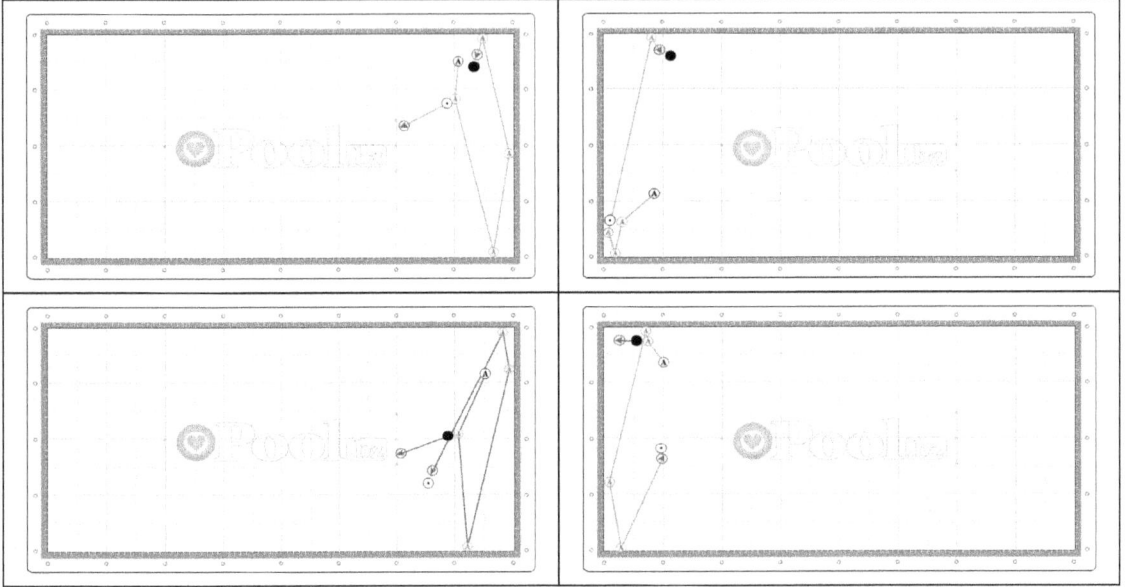

Analys:

B:1a. _____

B:1b. _____

B:1c. _____

B:1d. _____

B:1a – Inrätta

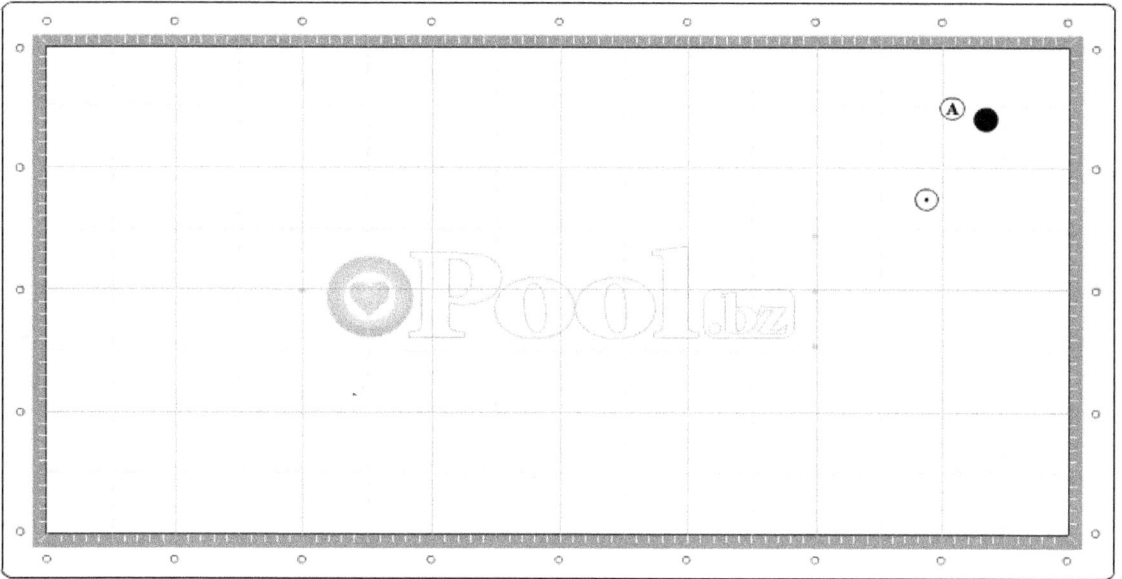

Anteckningar och idéer:

Skottmönster

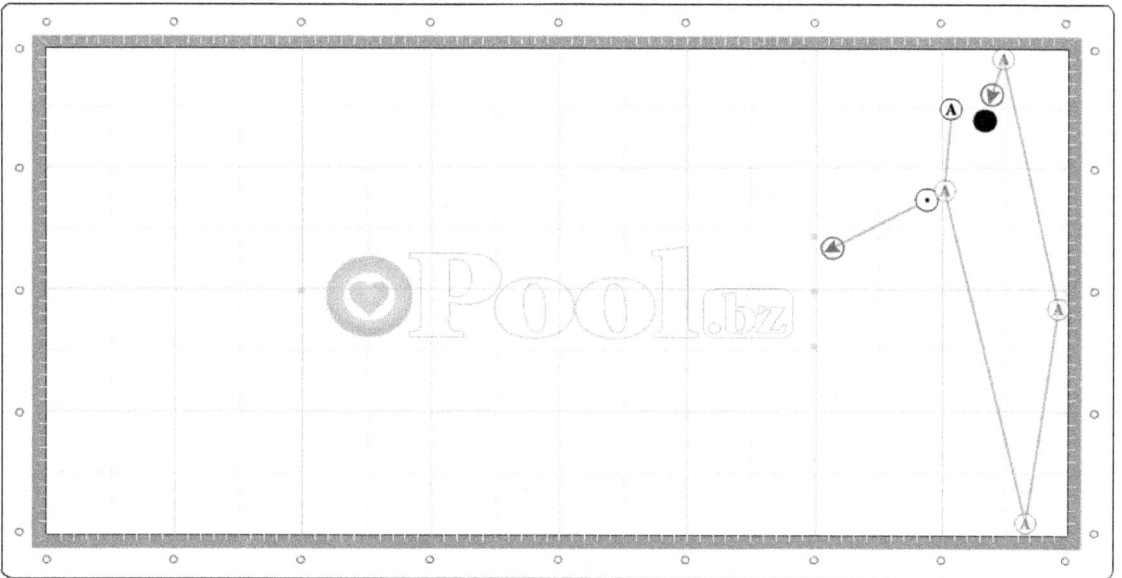

B:1b – Inrätta

Anteckningar och idéer:

Skottmönster

B:1c – Inrätta

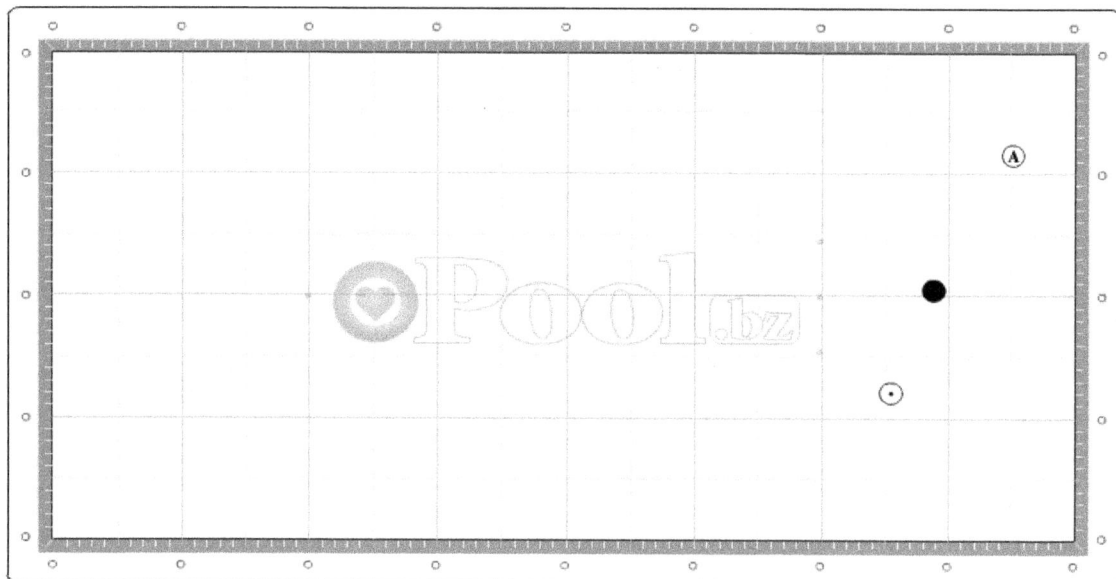

Anteckningar och idéer:

Skottmönster

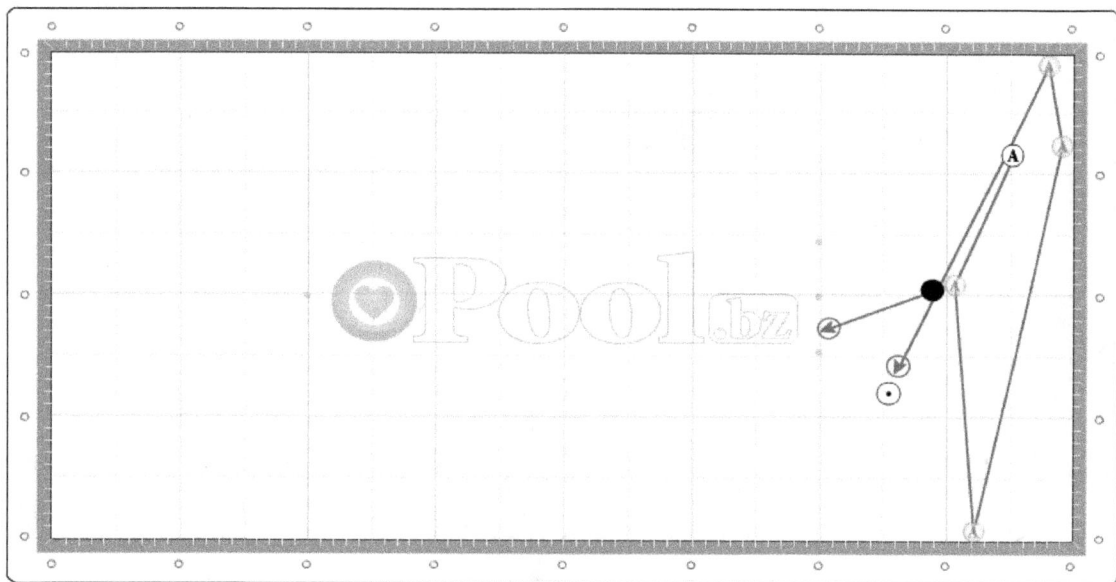

B:1d – Inrätta

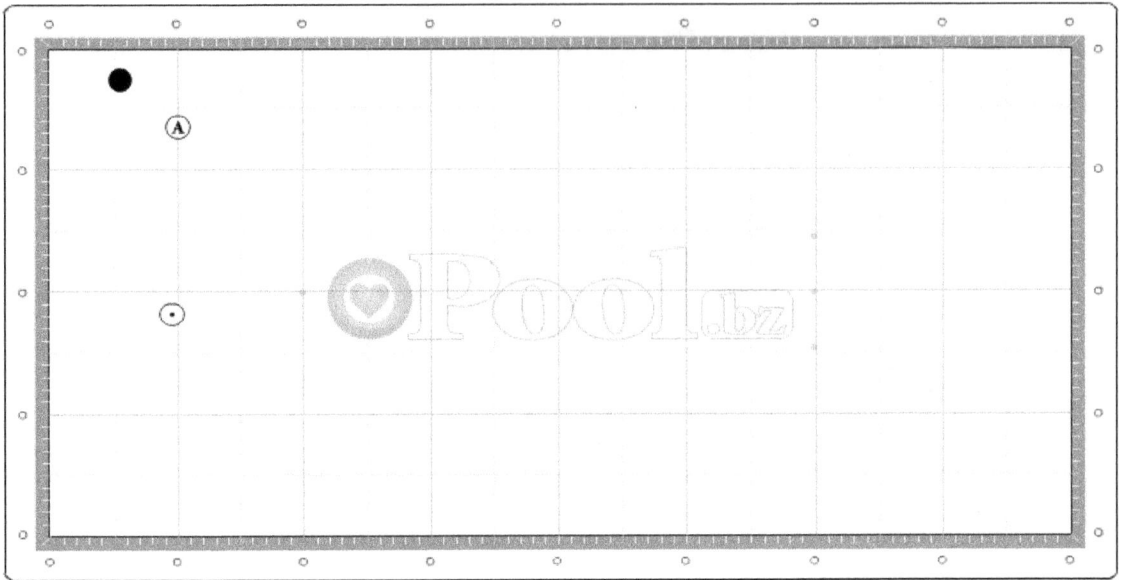

Anteckningar och idéer:

Skottmönster

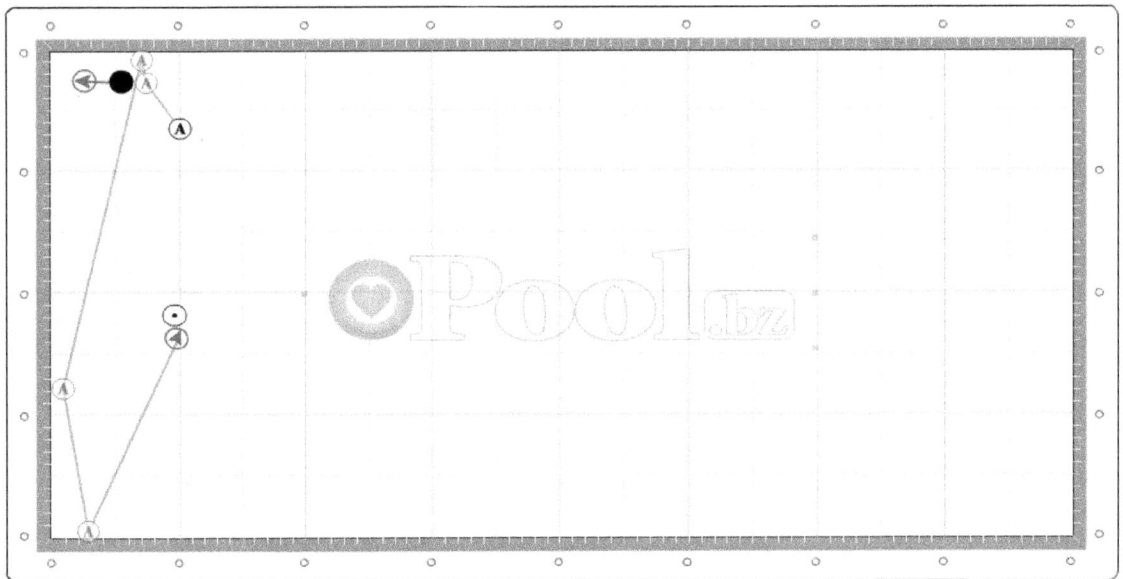

B: Grupp 2

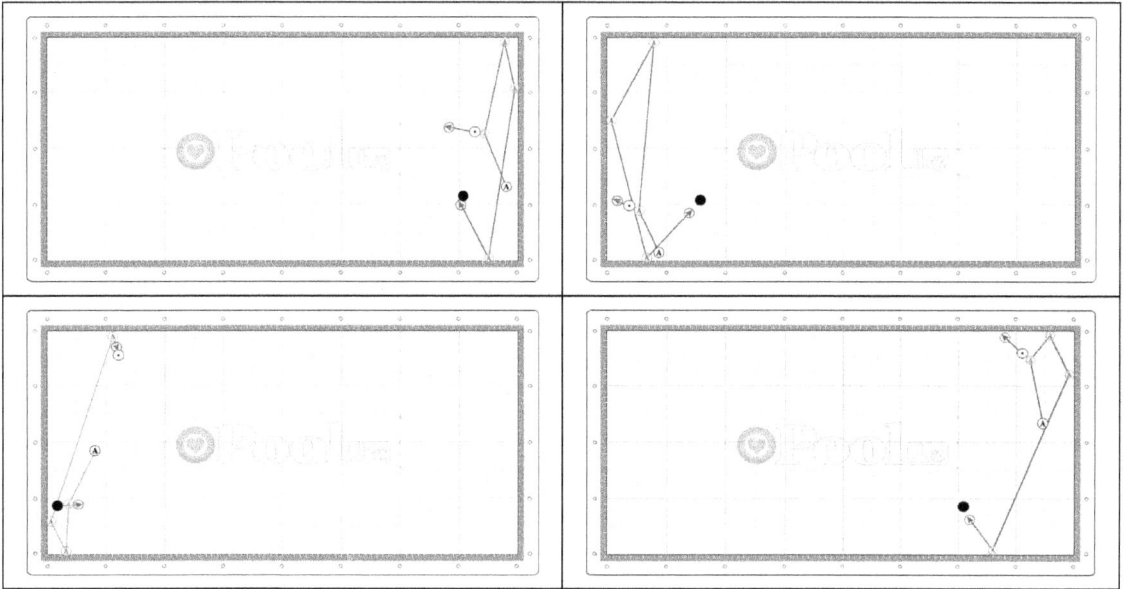

Analys:

B:2a. _____

B:2b. _____

B:2c. _____

B:2d. _____

B:2a – Inrätta

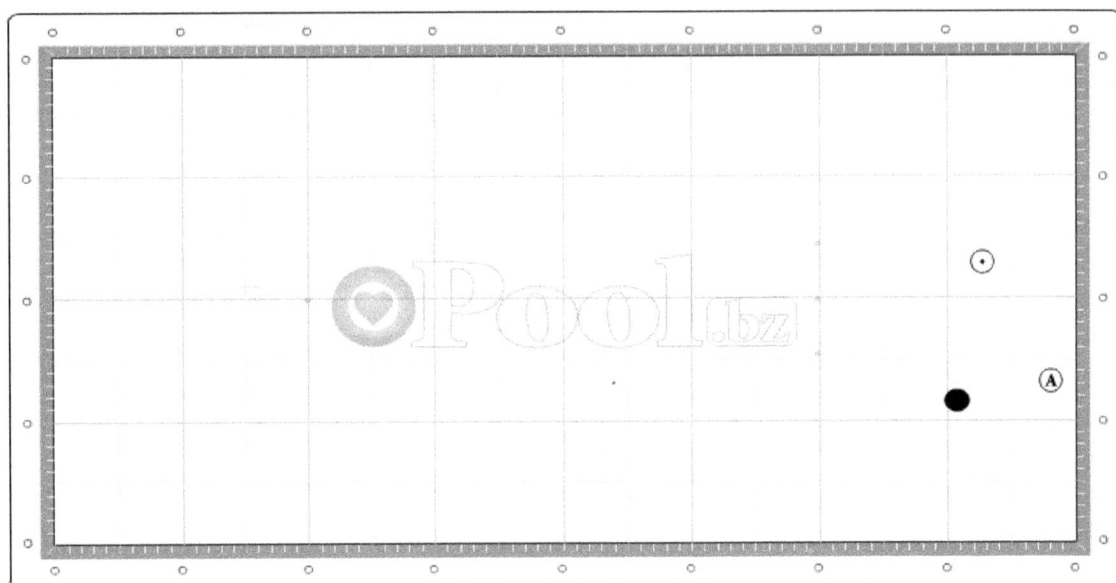

Anteckningar och idéer:

Skottmönster

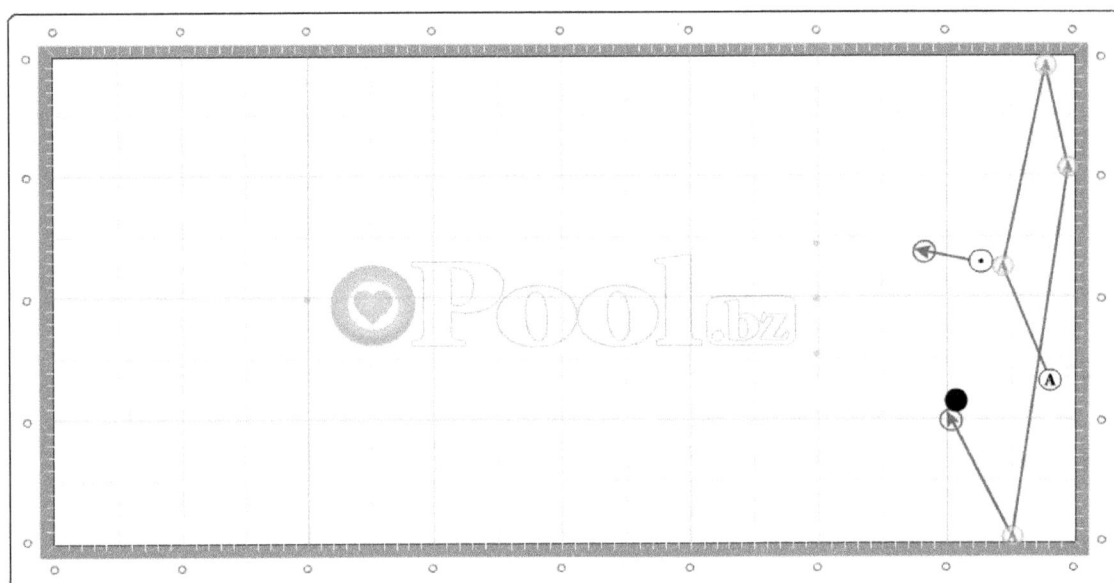

B:2b – Inrätta

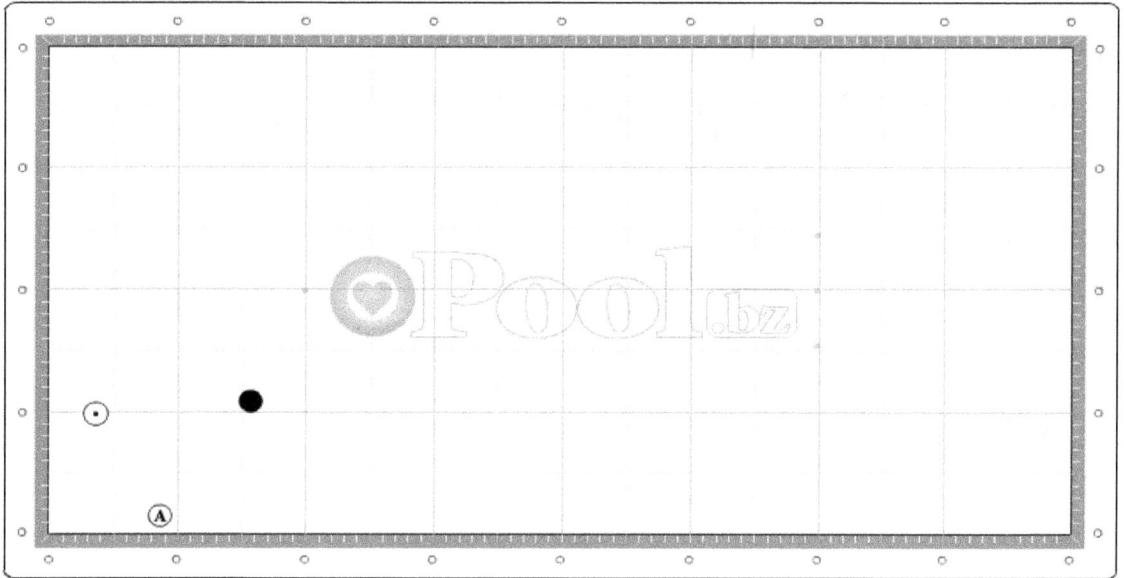

Anteckningar och idéer:

Skottmönster

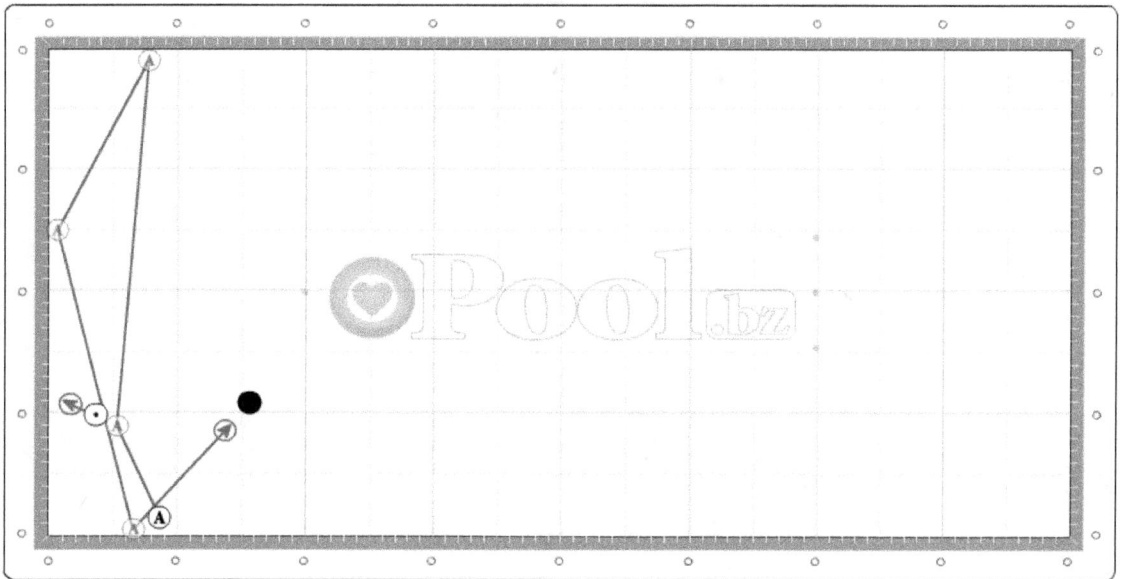

B:2c – Inrätta

Anteckningar och idéer:

Skottmönster

B:2d – Inrätta

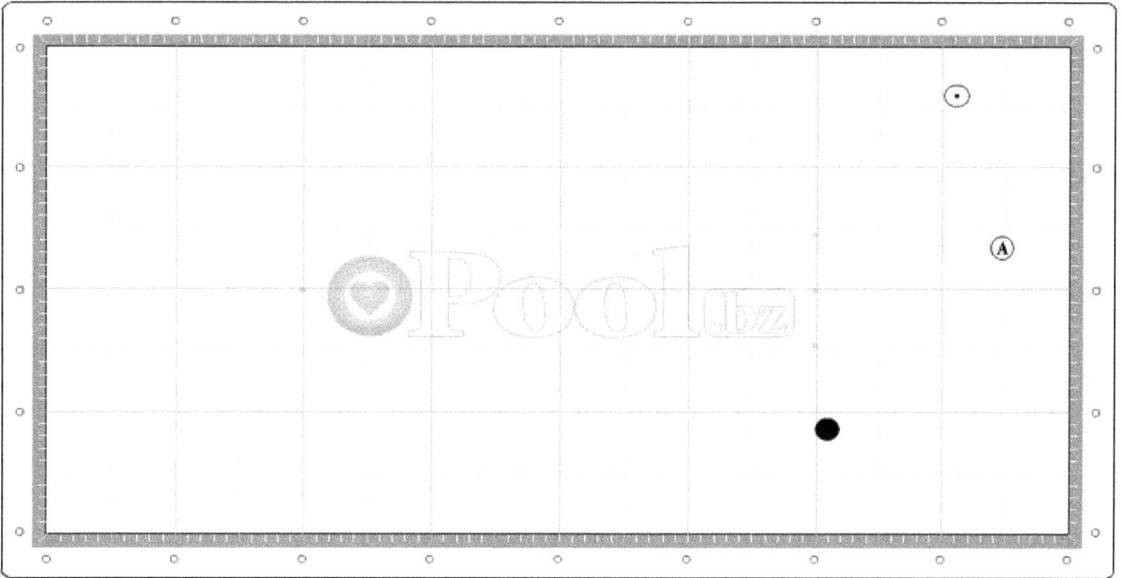

Anteckningar och idéer:

Skottmönster

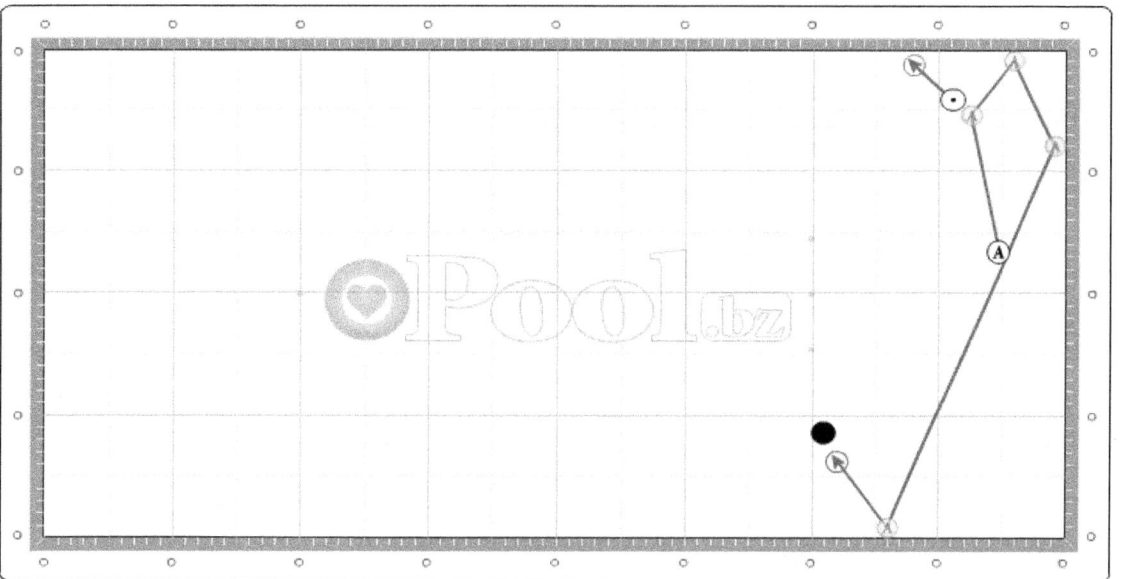

C: Tvinga bollen framåt

Efter att (CB) har kontakt med den första (OB), (CB) toppspindeln tvingar bollen framåt i mönstret.

(A) (CB) (din biljardboll) - (⊙) (OB) (motståndare biljardboll) - ⬤ (OB) (röd biljardboll)

C: Grupp 1

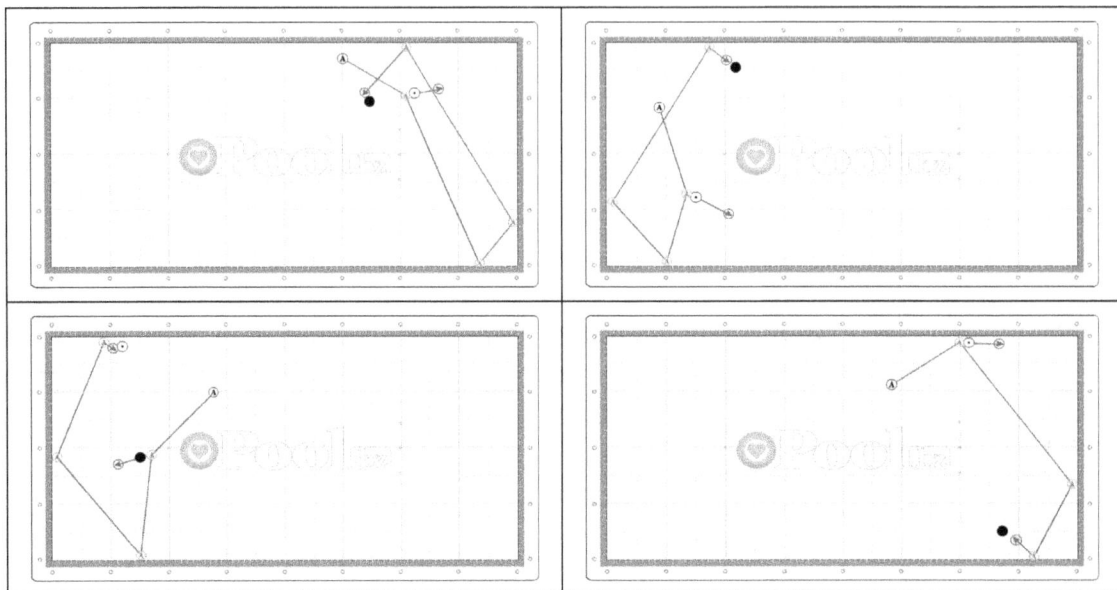

Analys:

C:1a. _____

C:1b. _____

C:1c. _____

C:1d. _____

C:1a – Inrätta

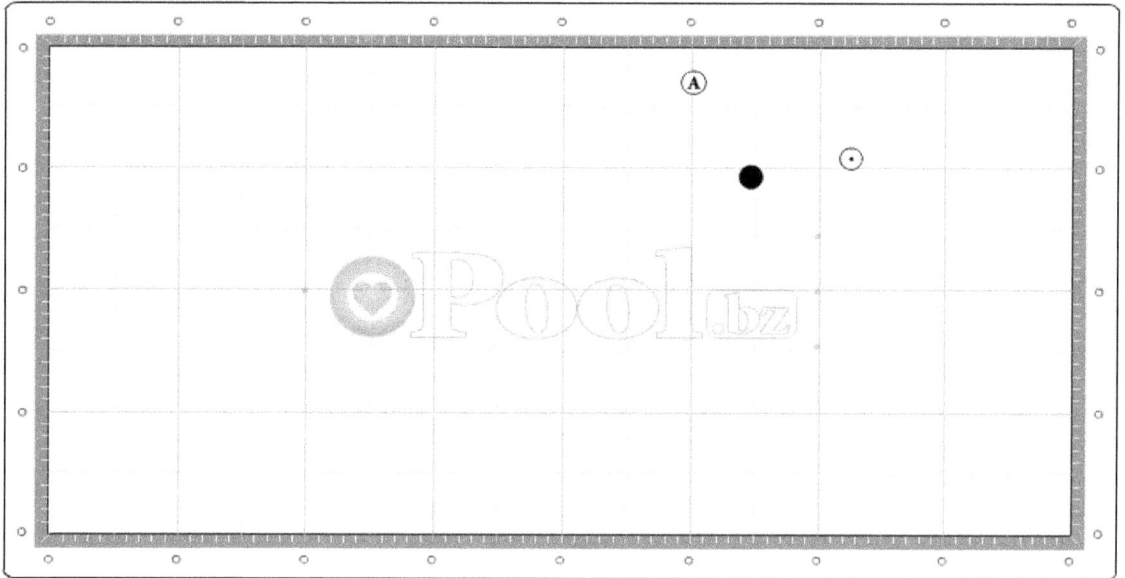

Anteckningar och idéer:

Skottmönster

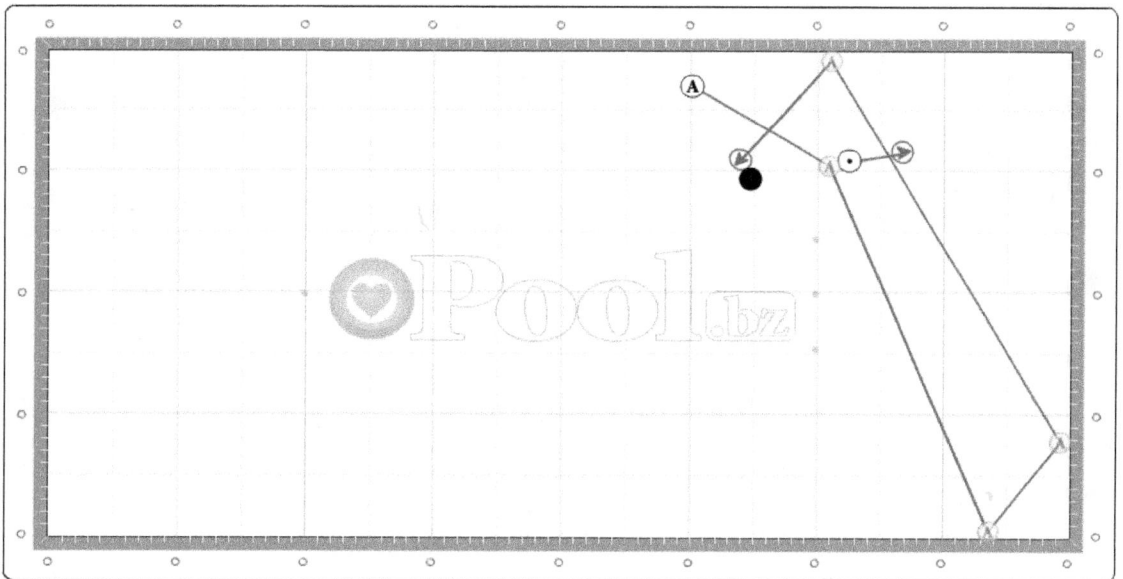

C:1b – Inrätta

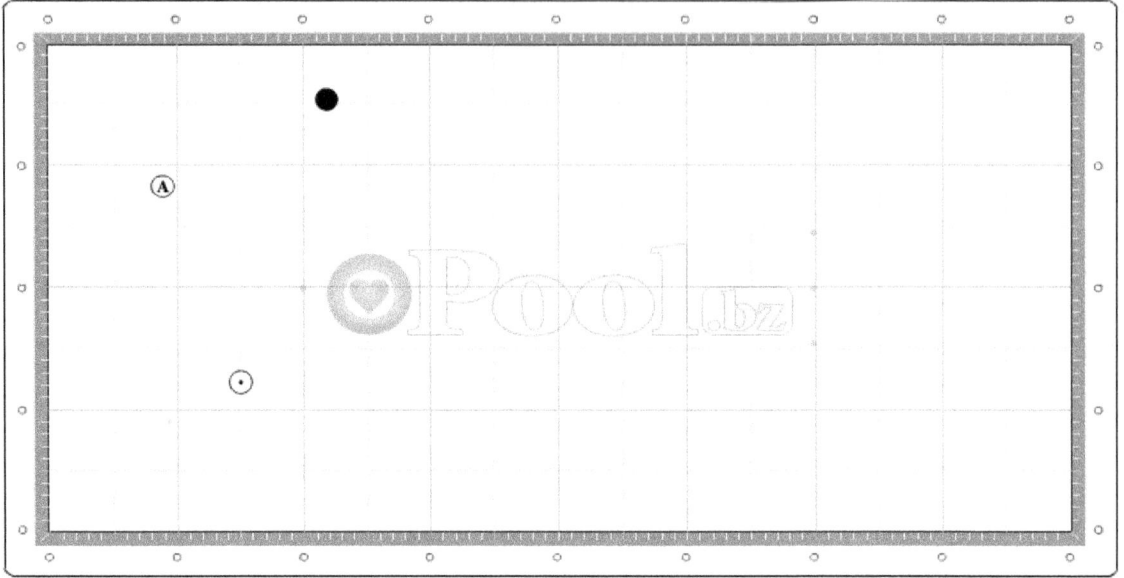

Anteckningar och idéer:

Skottmönster

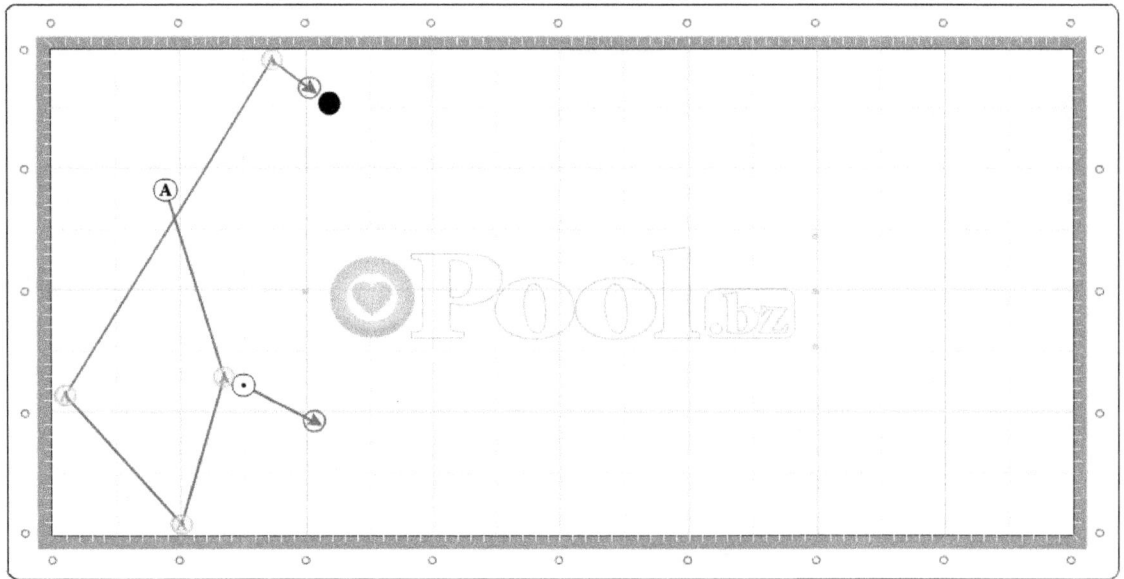

C:1c – Inrätta

Anteckningar och idéer:

Skottmönster

C:1d – Inrätta

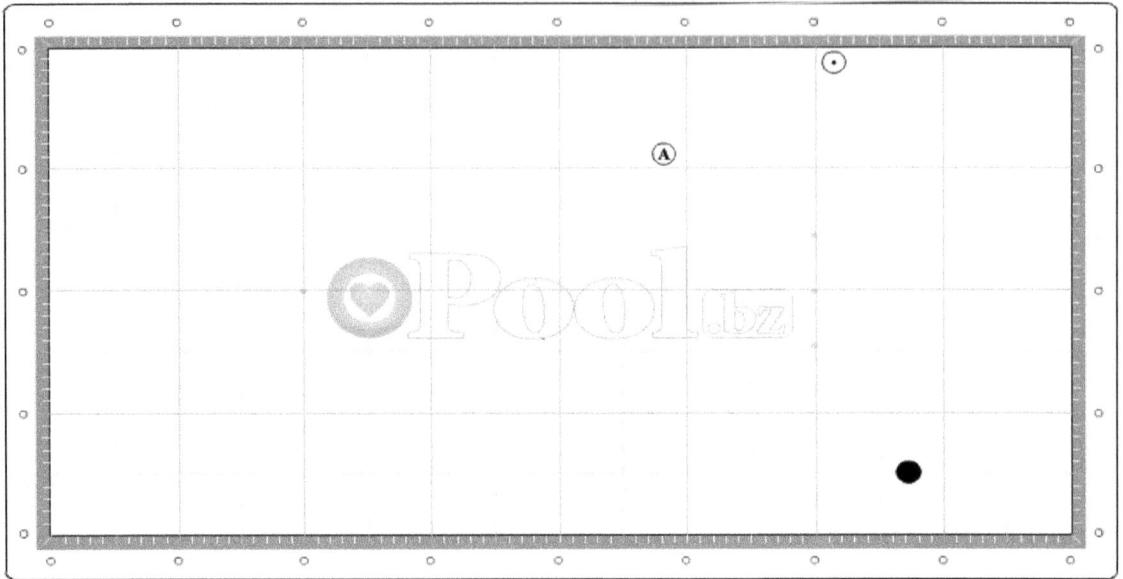

Anteckningar och idéer:

Skottmönster

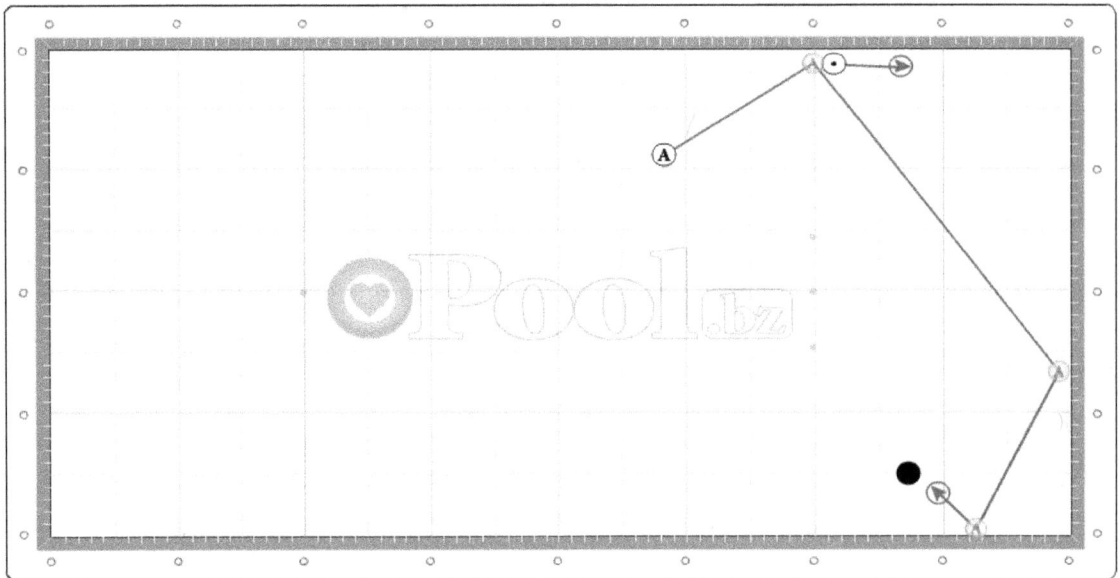

C: Grupp 2

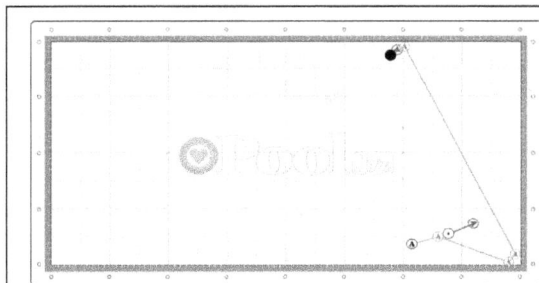
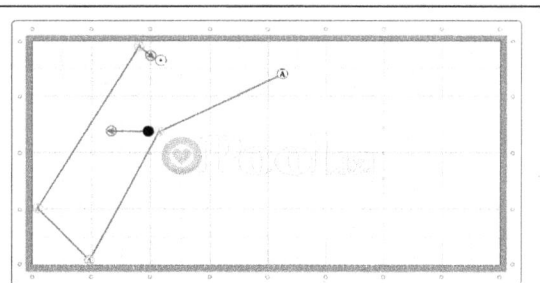

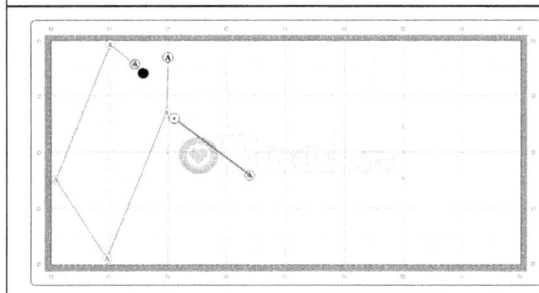
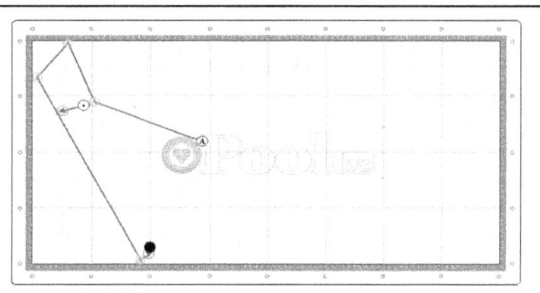

Analys:

C:2a. _____

C:2b. _____

C:2c. _____

C:2d. _____

C:2a – Inrätta

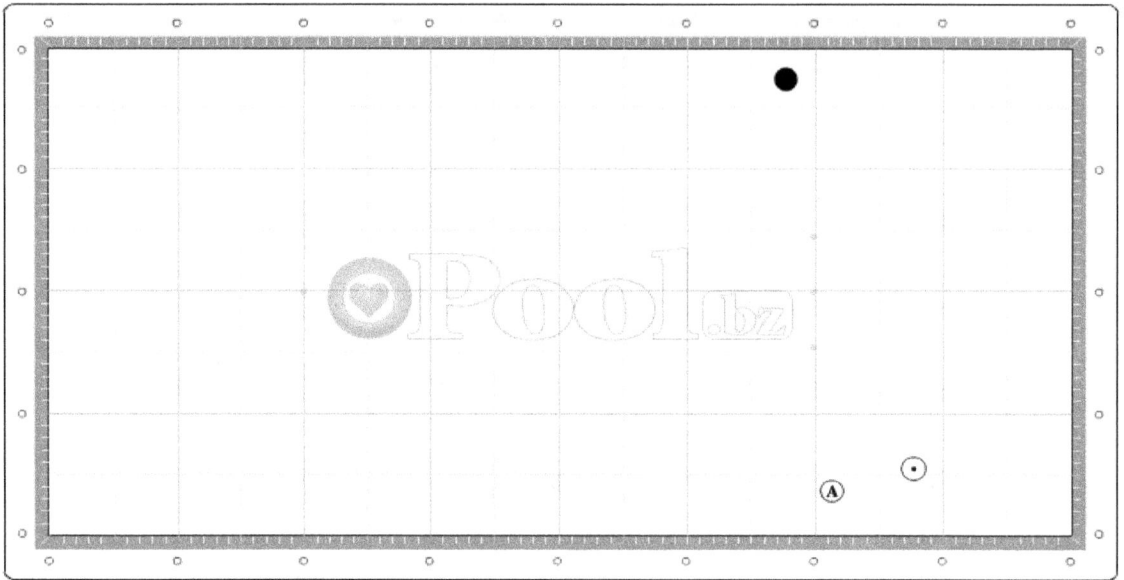

Anteckningar och idéer:

Skottmönster

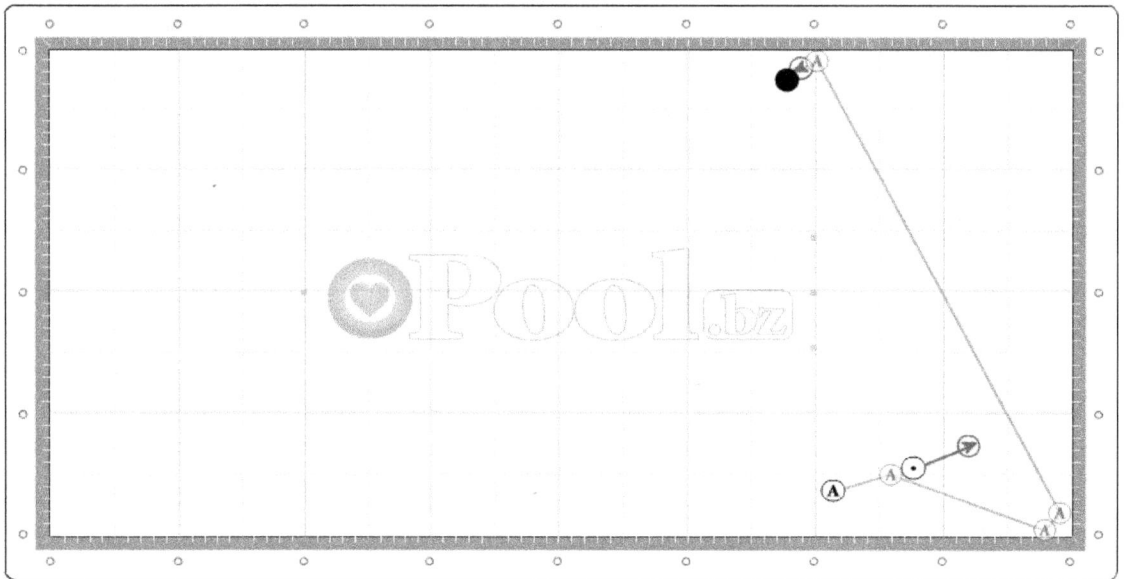

C:2b – Inrätta

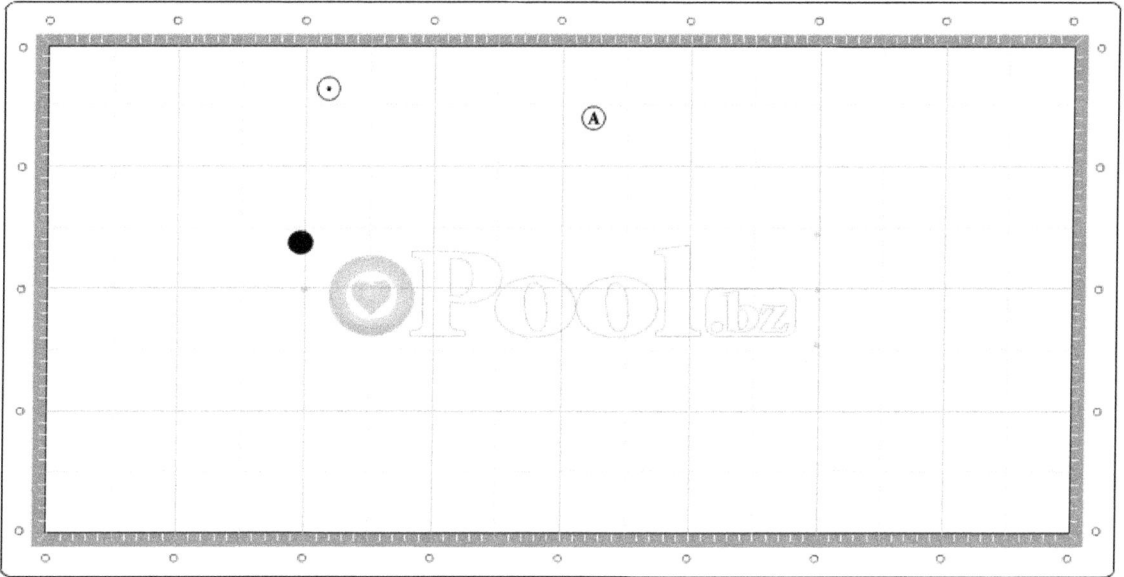

Anteckningar och idéer:

Skottmönster

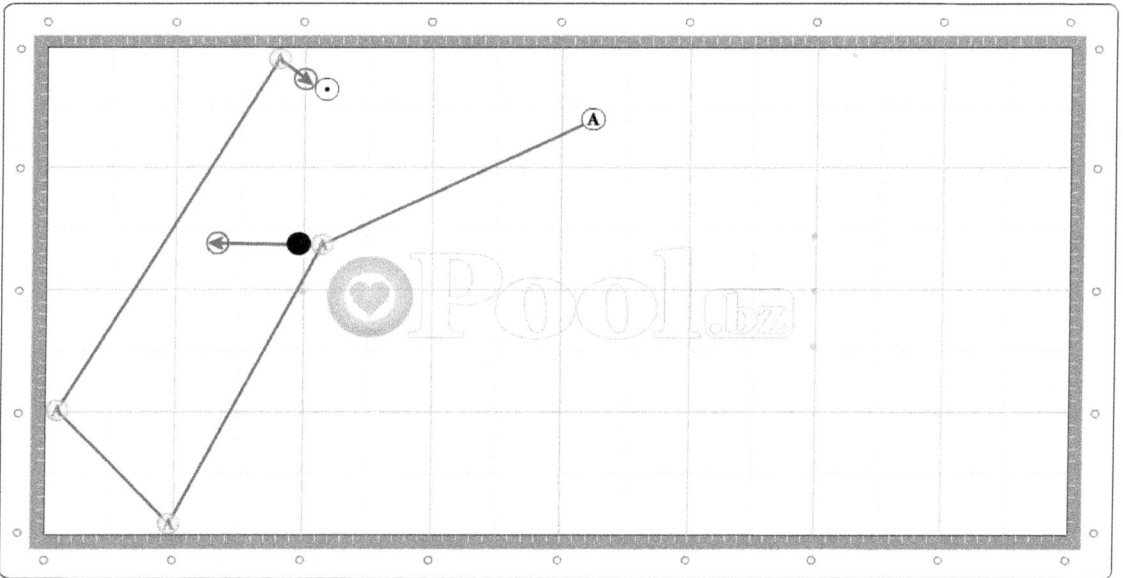

C:2c – Inrätta

Anteckningar och idéer:

Skottmönster

C:2d – Inrätta

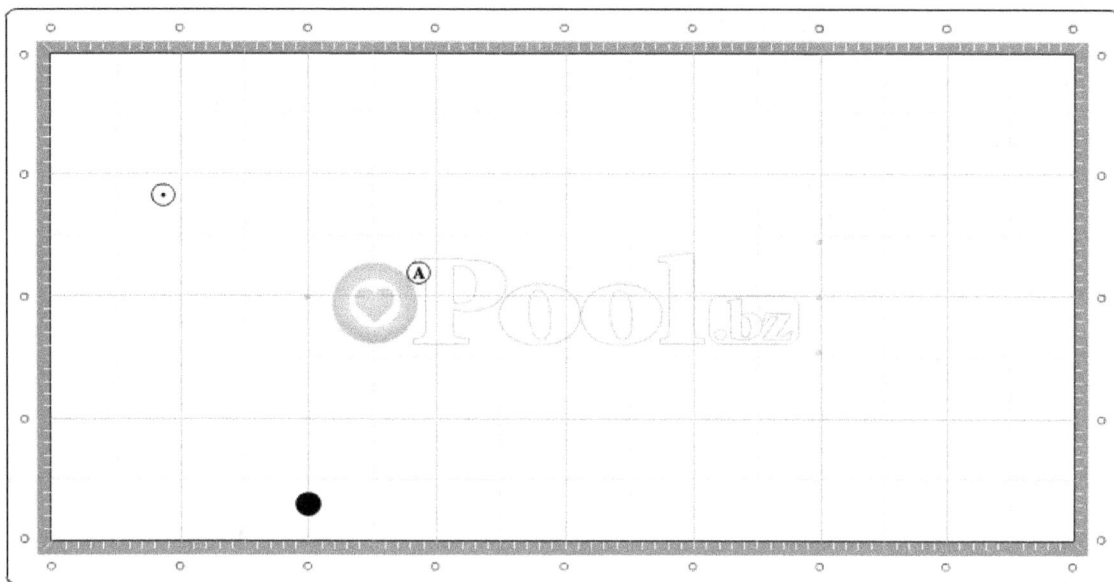

Anteckningar och idéer:

Skottmönster

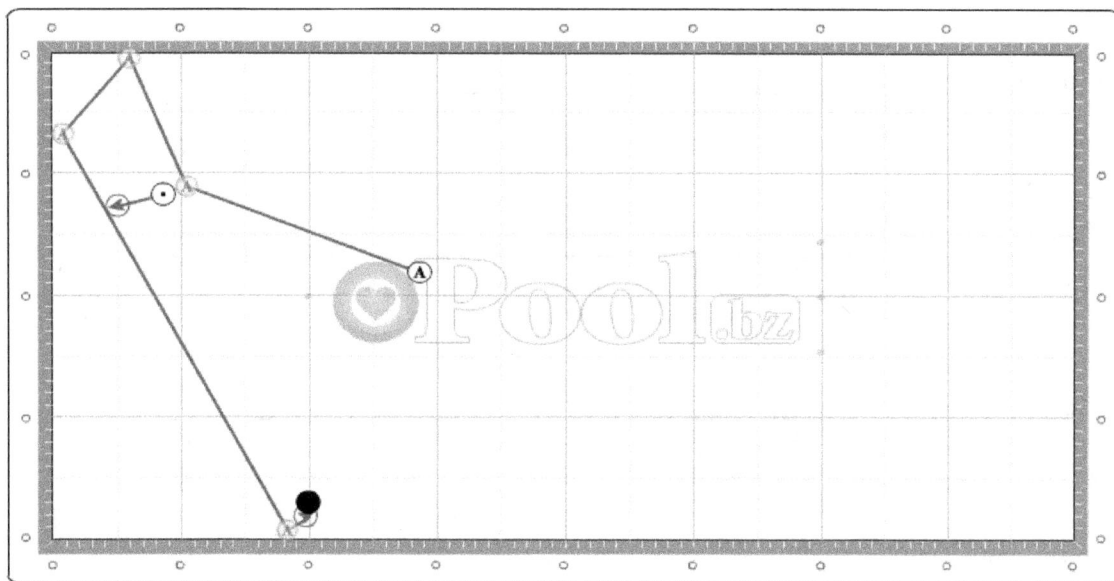

D: Inåt bakåt

(CB) kommer från den första (OB) med en kombination av sido- och backspinn.

(A) (CB) (din biljardboll) - ⊙ (OB) (motståndare biljardboll) - ⬤ (OB) (röd biljardboll)

D: Grupp 1

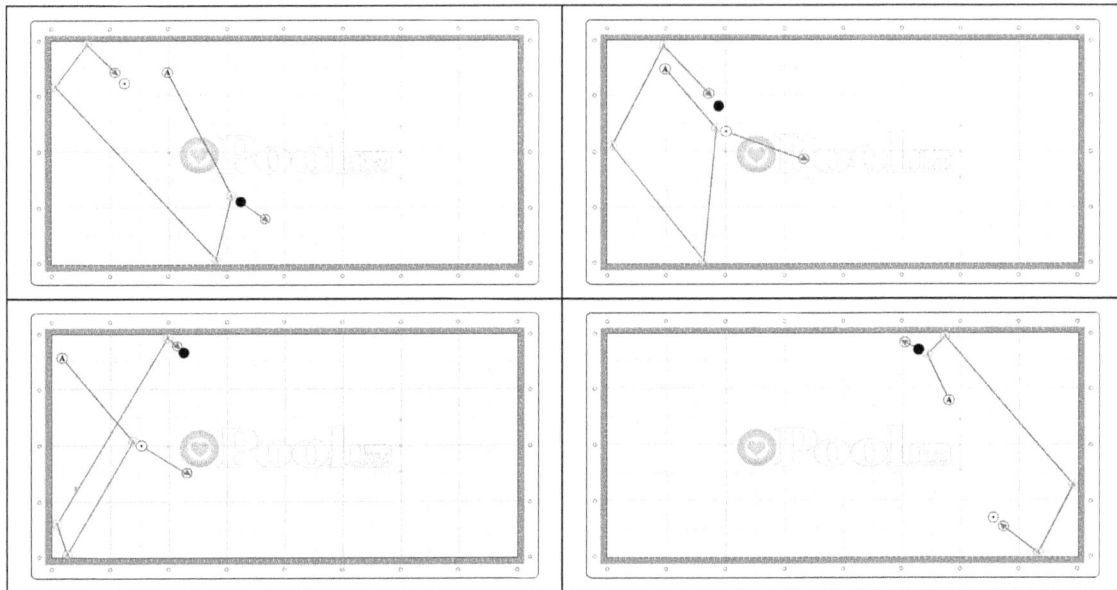

Analys:

D:1a. _____

D:1b. _____

D:1c. _____

D:1d. _____

D:1a – Inrätta

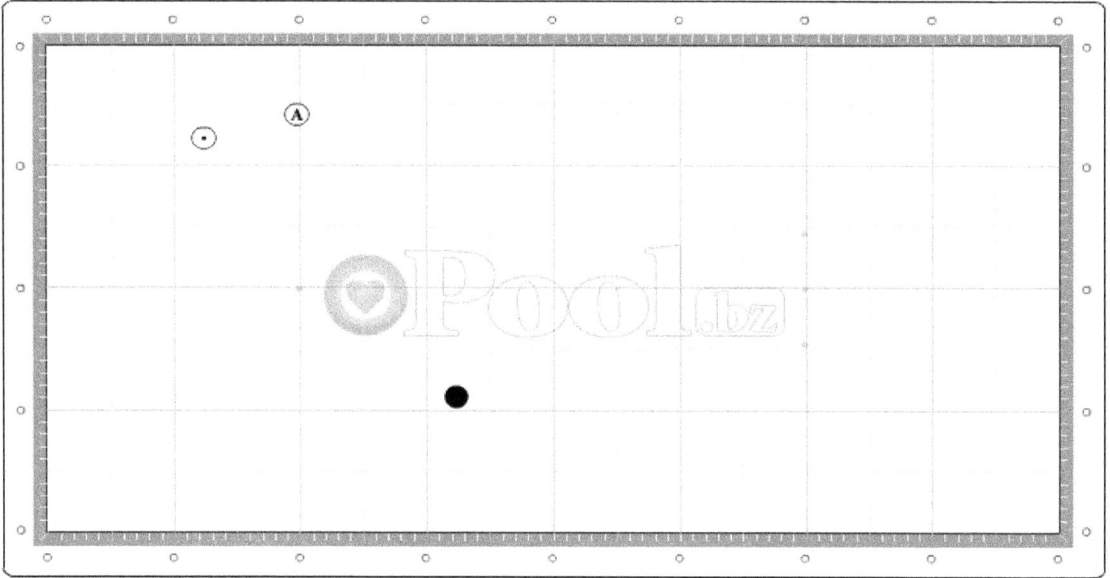

Anteckningar och idéer:

Skottmönster

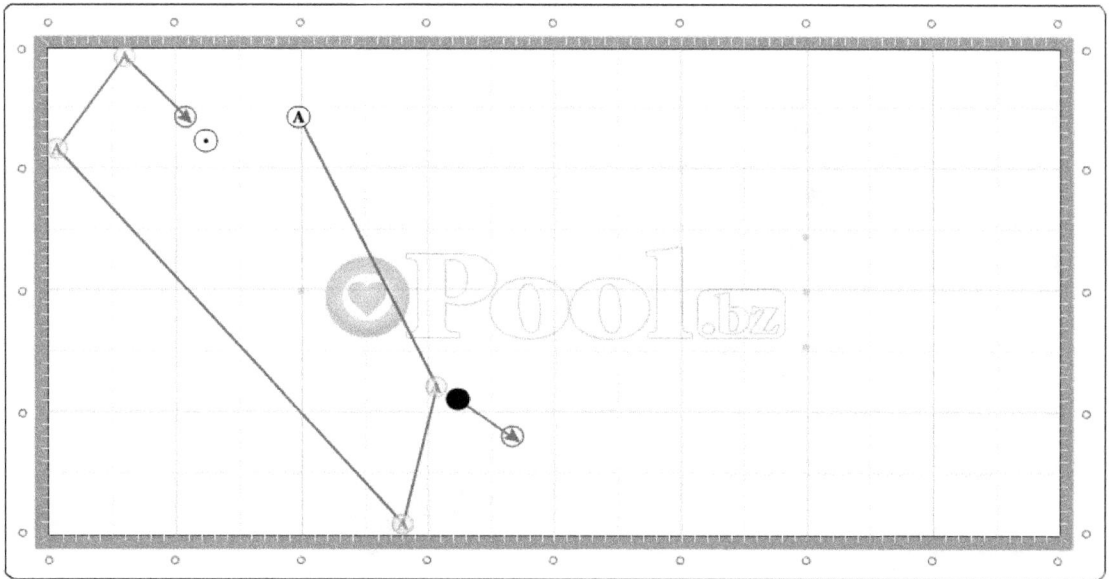

D:1b – Inrätta

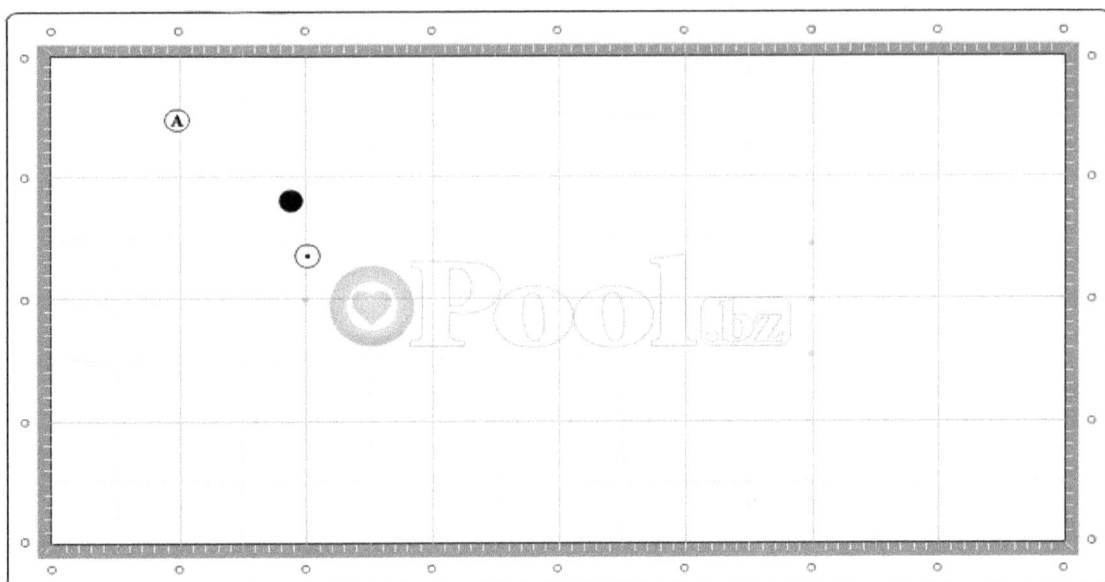

Anteckningar och idéer:

Skottmönster

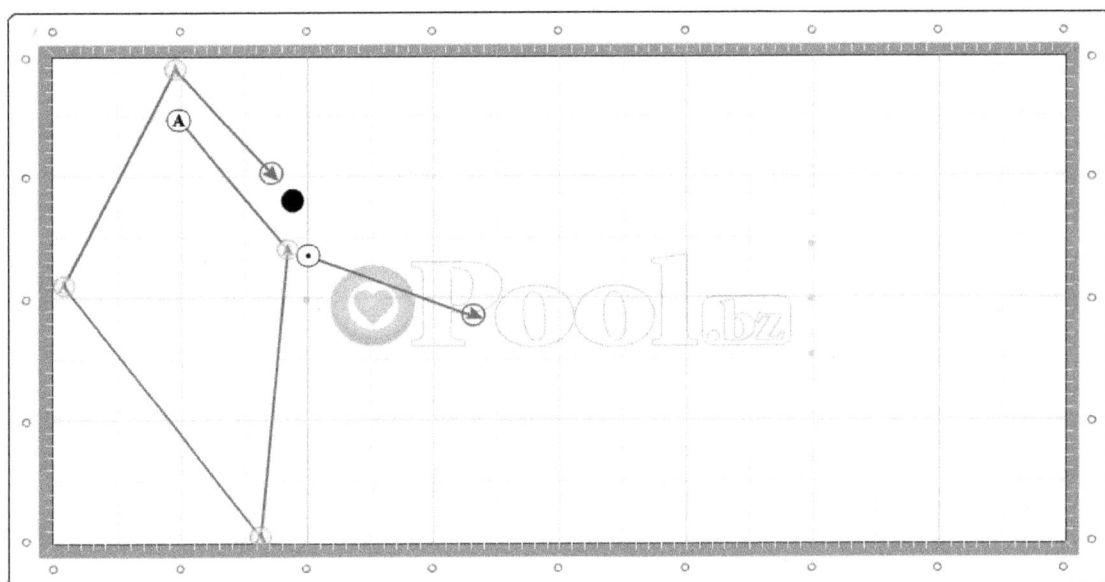

D:1c – Inrätta

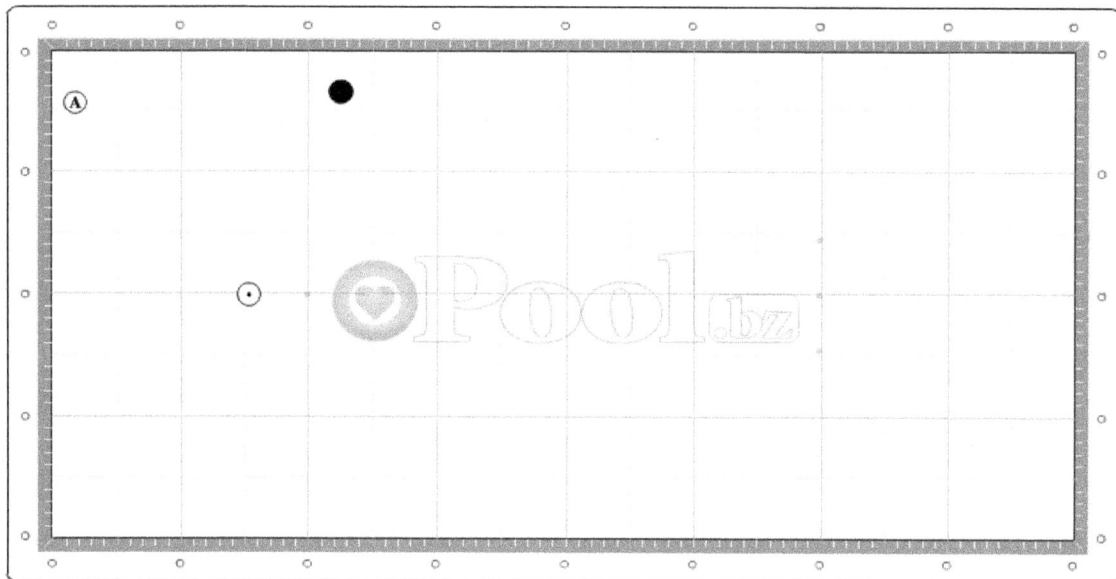

Anteckningar och idéer:

Skottmönster

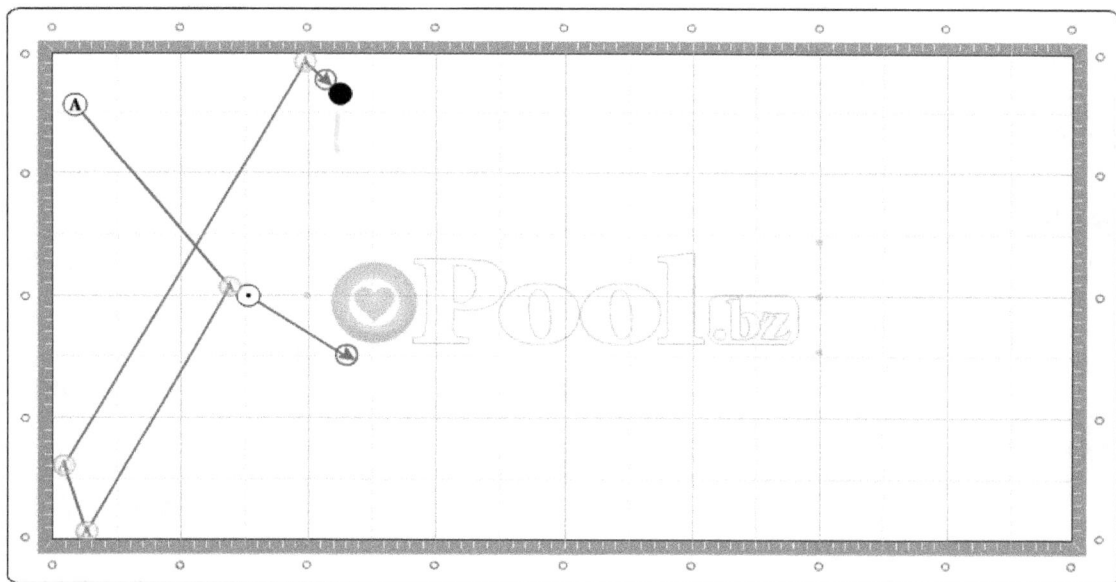

D:1d – Inrätta

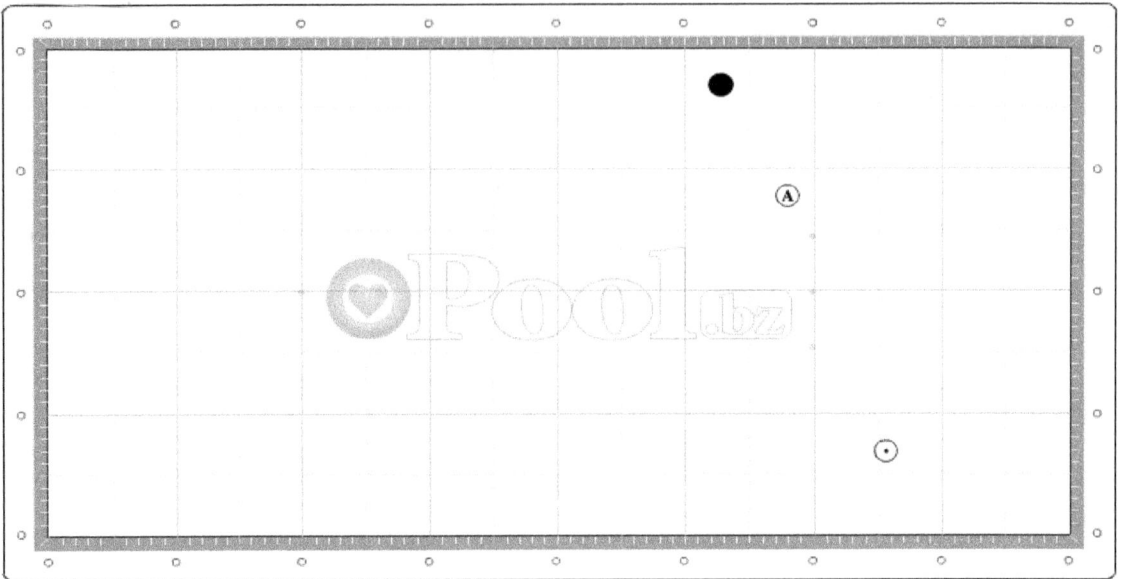

Anteckningar och idéer:

Skottmönster

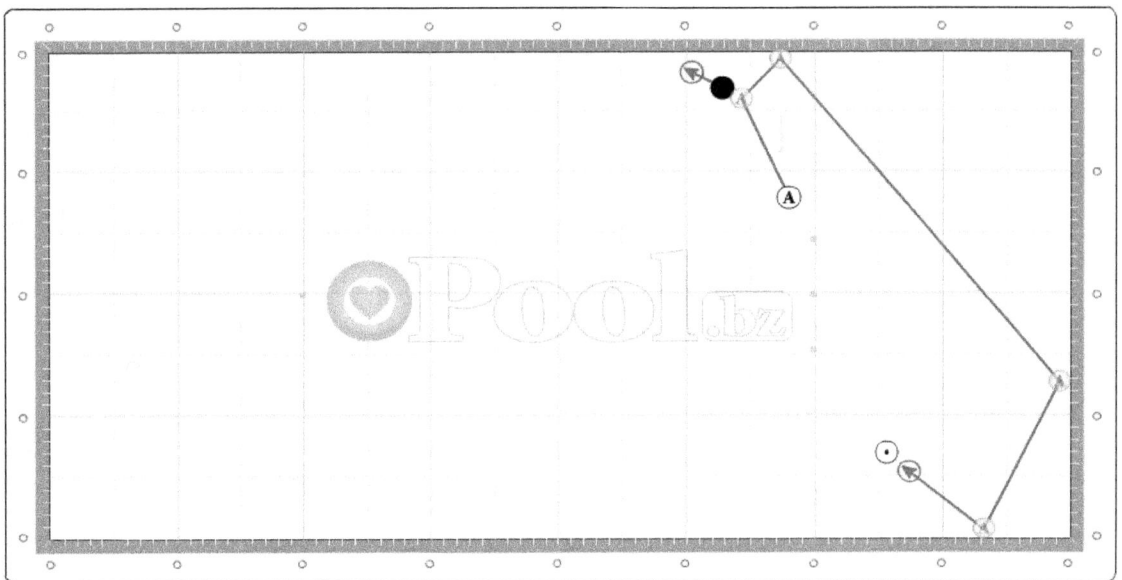

D: Grupp 2

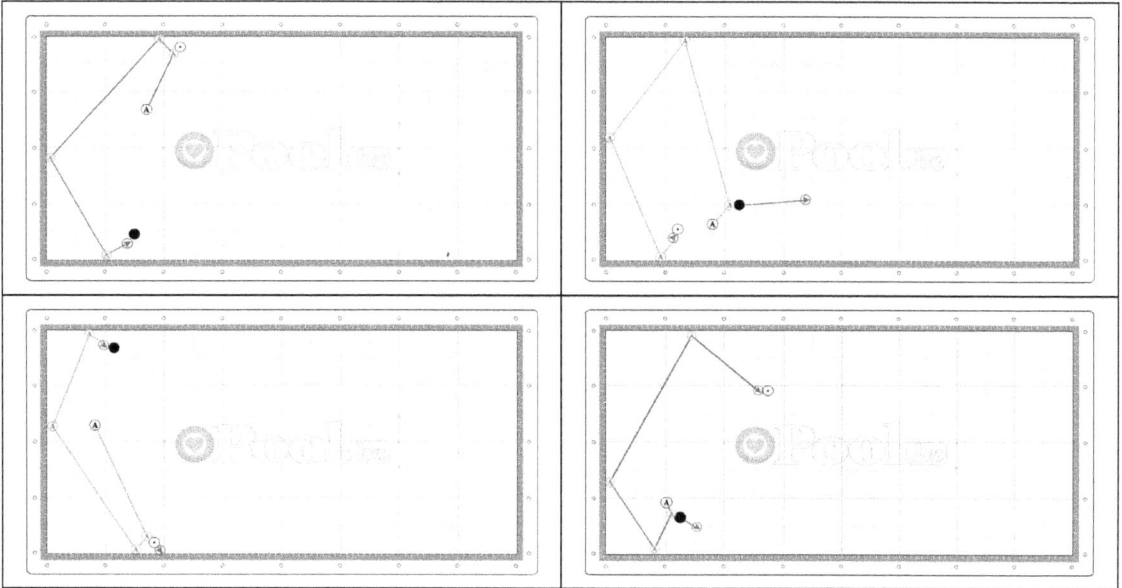

Analys:

D:2a. _____

D:2b. _____

D:2c. _____

D:2d. _____

D:2a – Inrätta

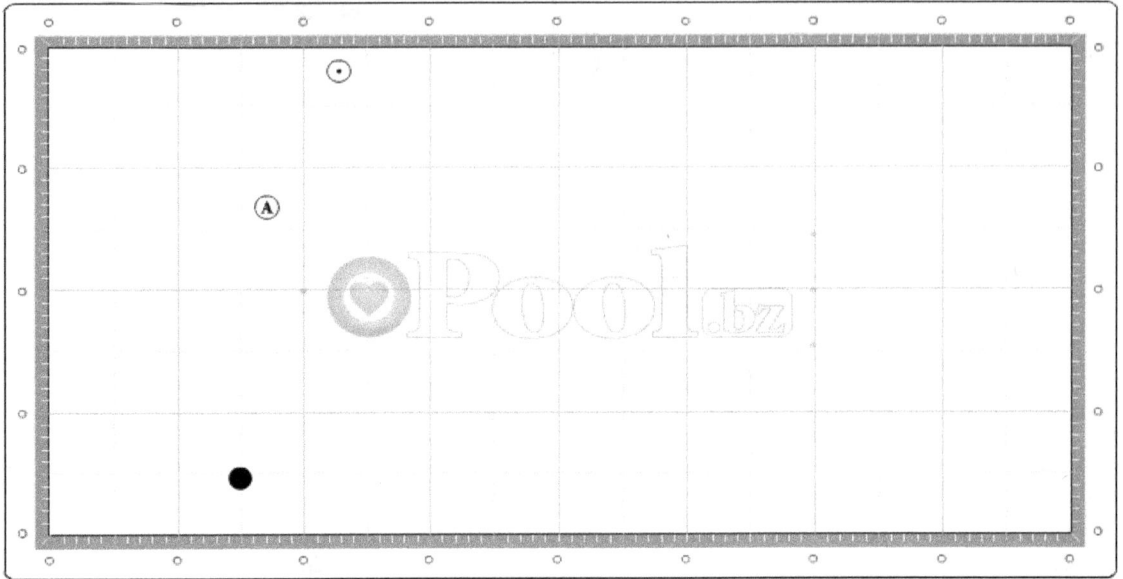

Anteckningar och idéer:

Skottmönster

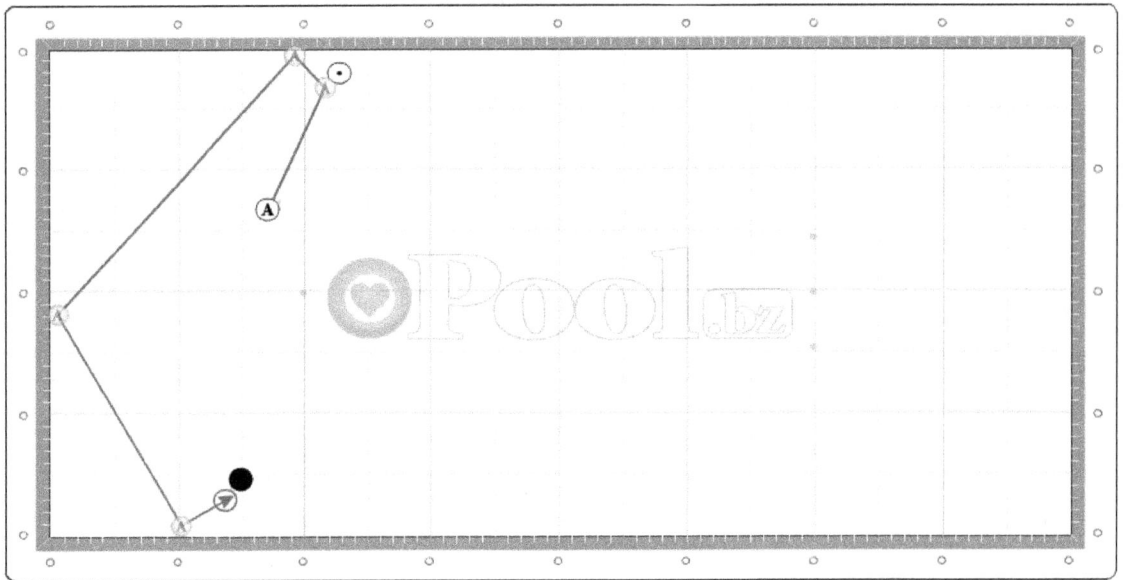

D:2b – Inrätta

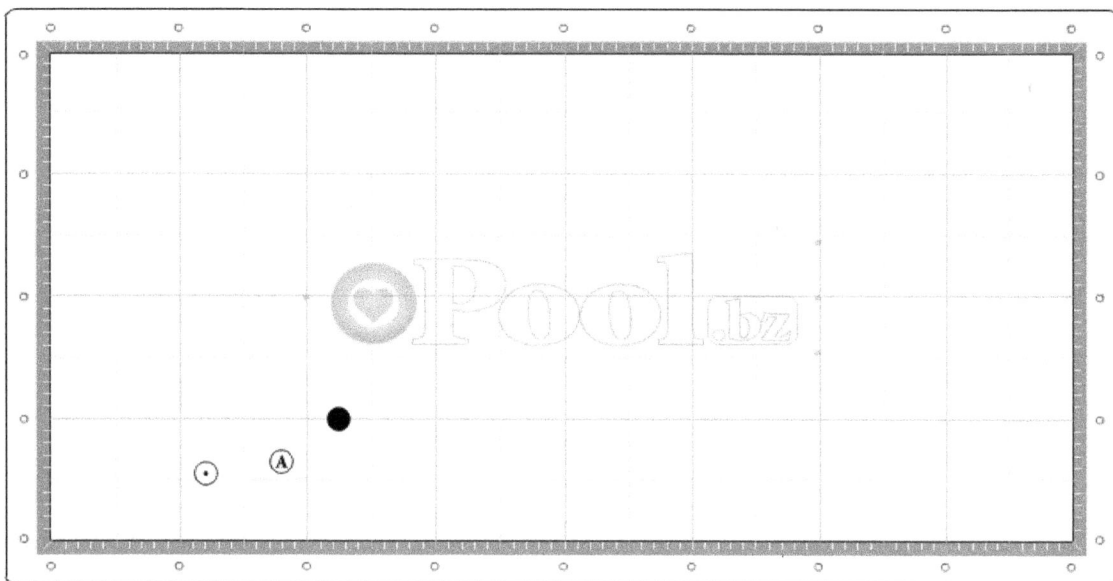

Anteckningar och idéer:

Skottmönster

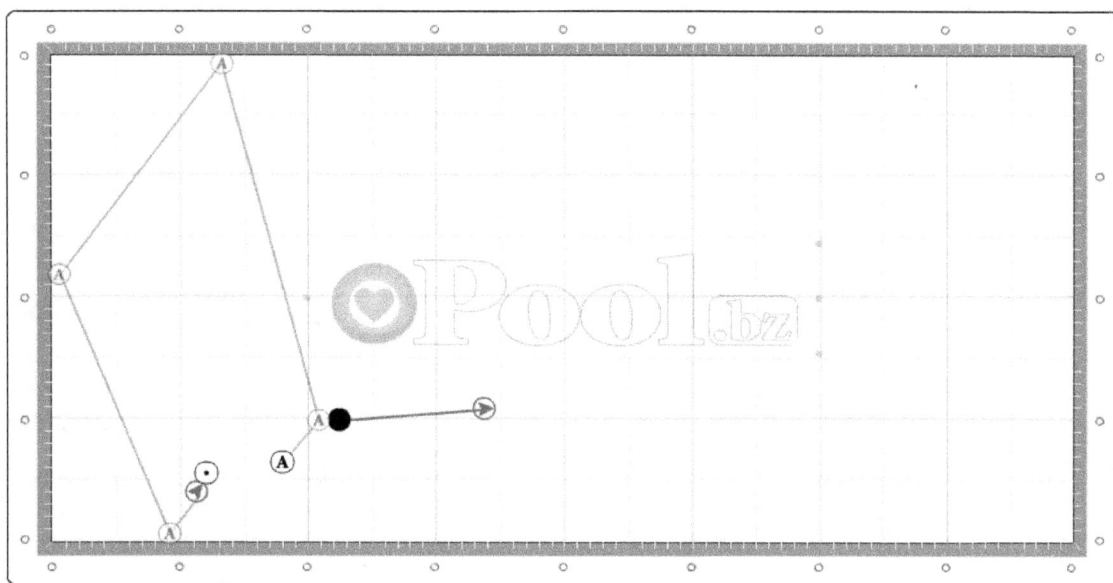

D:2c – Inrätta

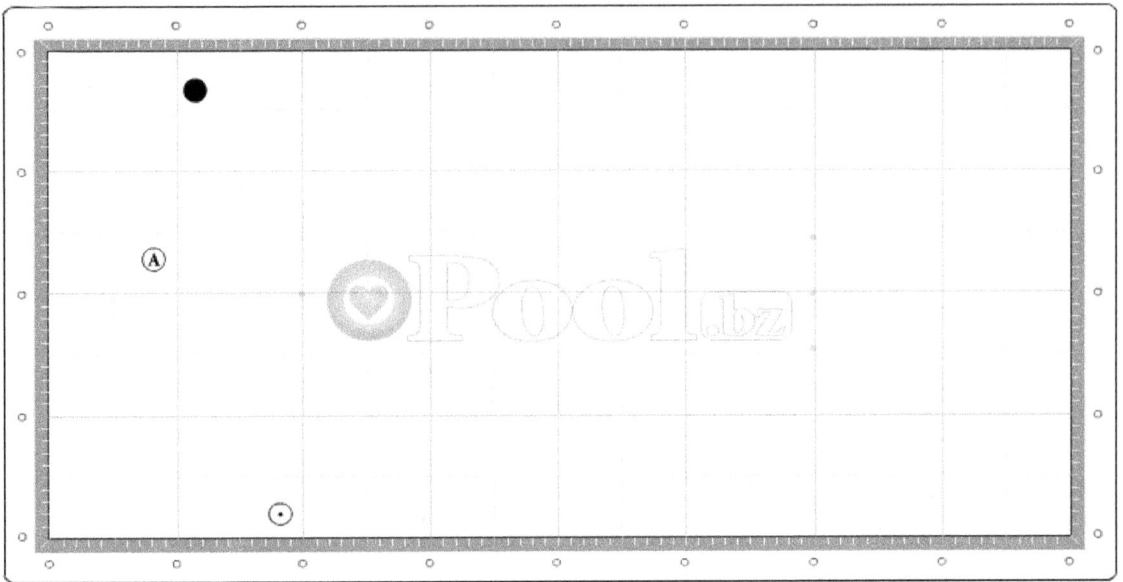

Anteckningar och idéer:

Skottmönster

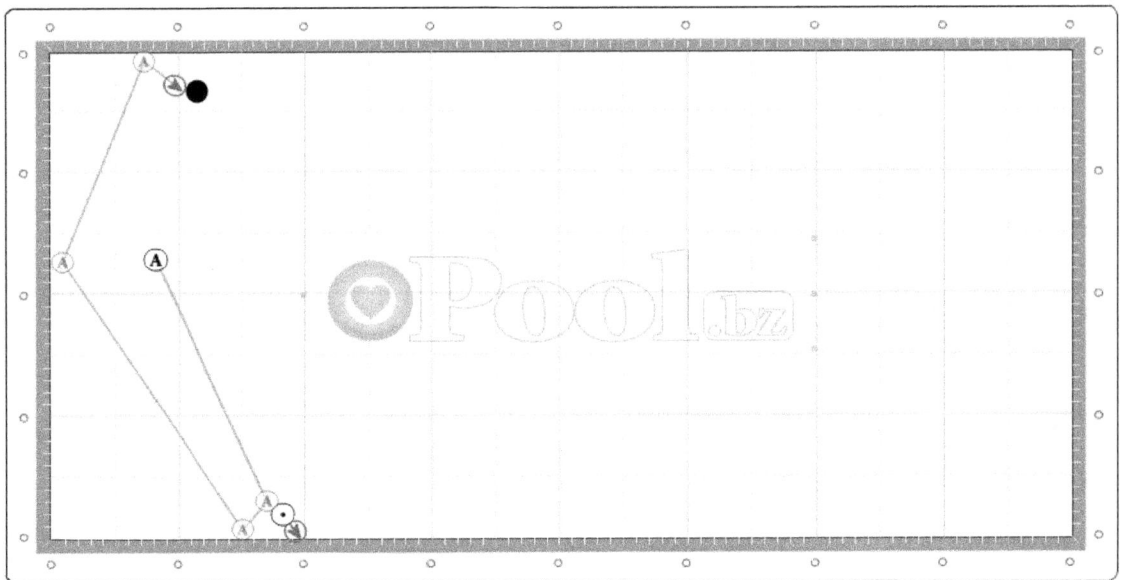

D:2d – Inrätta

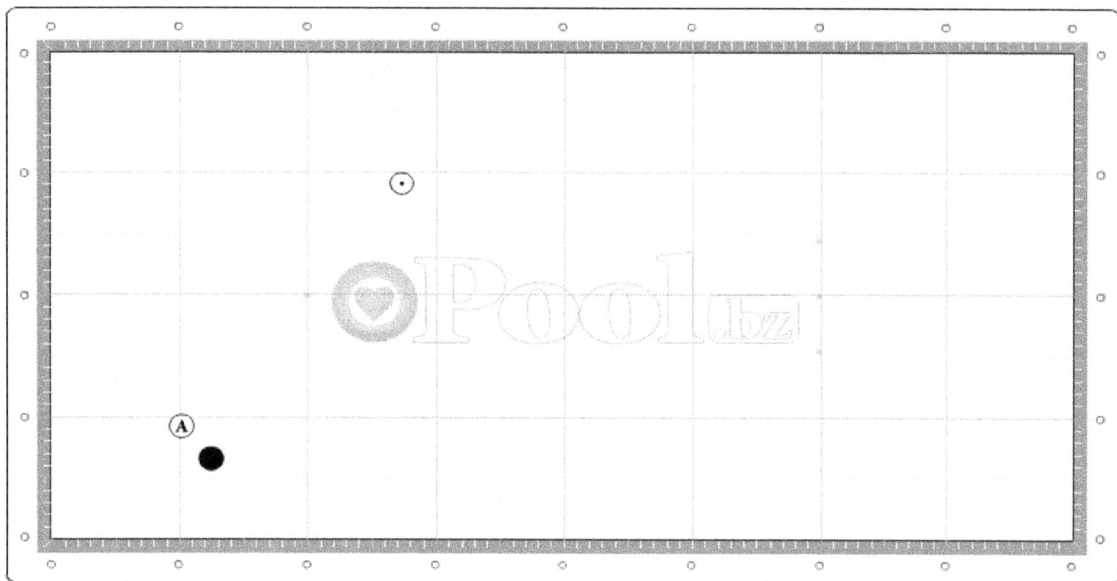

Anteckningar och idéer:

Skottmönster

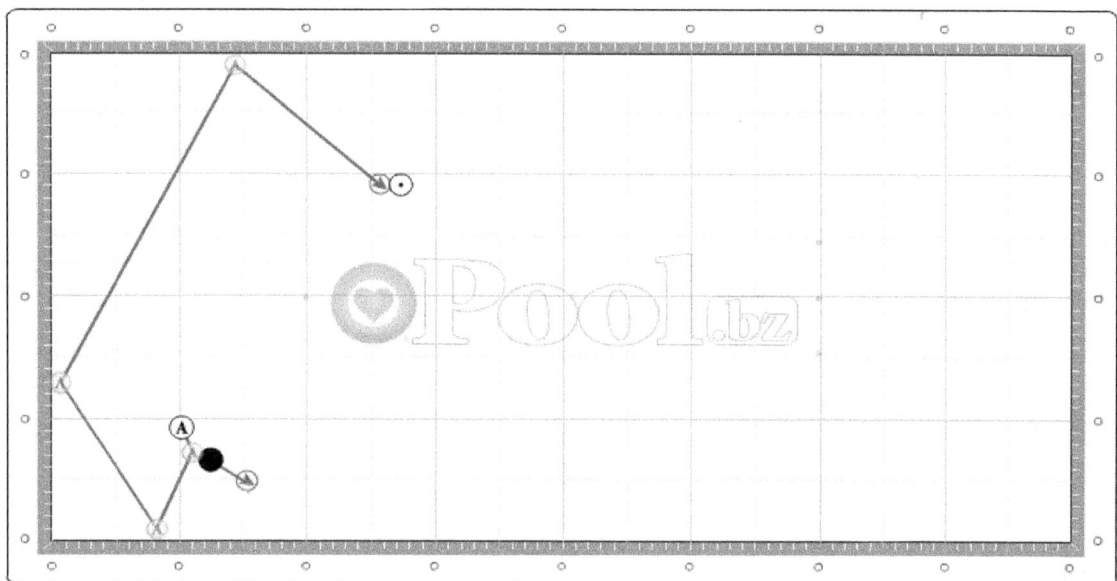

E: Första benet (förlängt)

Den (CB) reser ett långt avstånd för att komma till den första (OB).

(A) (CB) (din biljardboll) - (·) (OB) (motståndare biljardboll) - ● (OB) (röd biljardboll)

E: Grupp 1

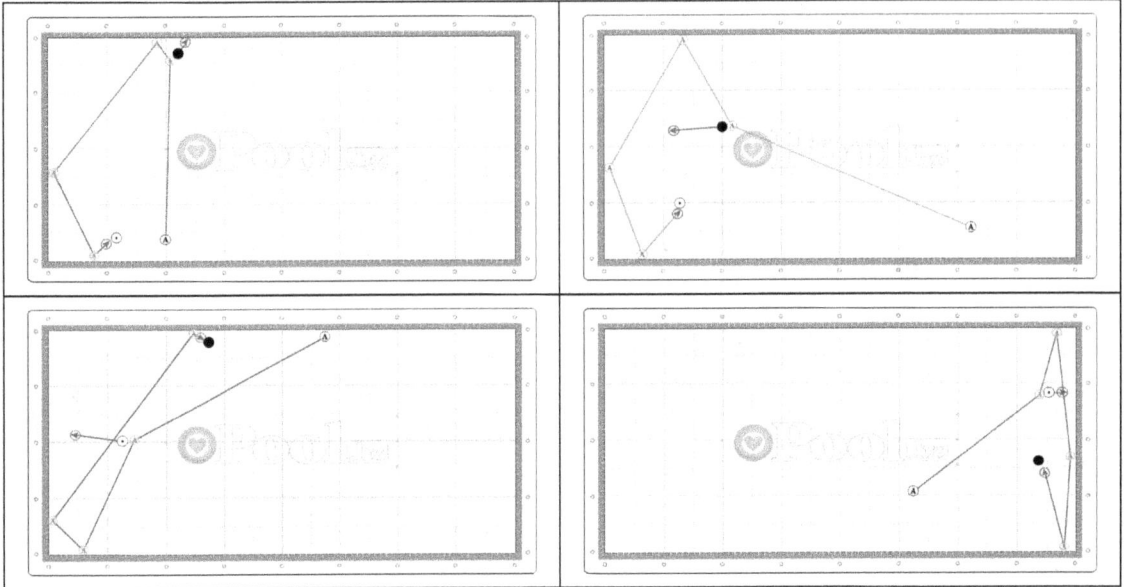

Analys:

E:1a. _____

E:1b. _____

E:1c. _____

E:1d. _____

E:1a – Inrätta

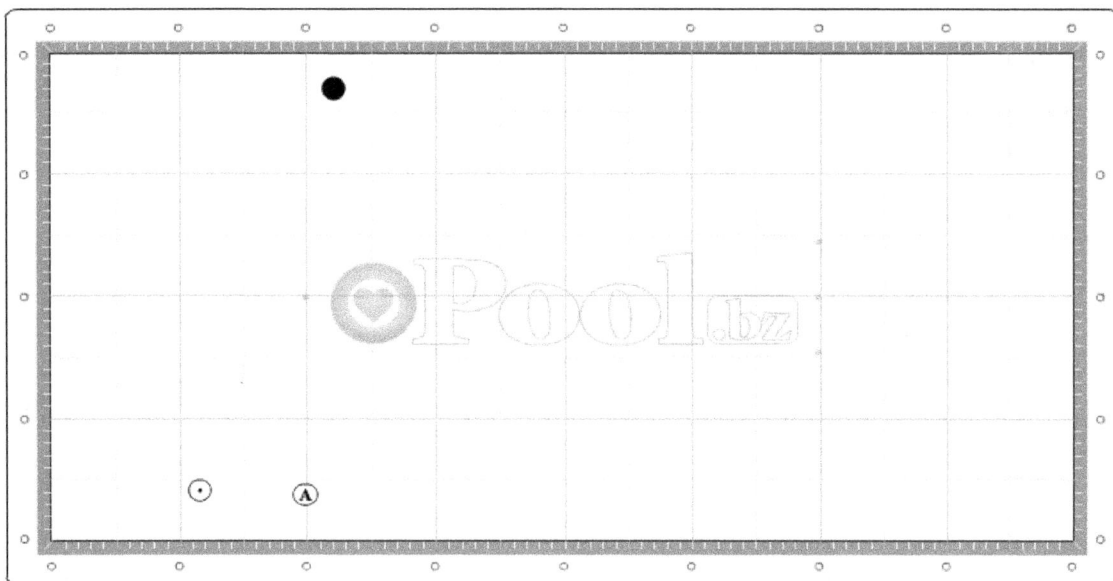

Anteckningar och idéer:

Skottmönster

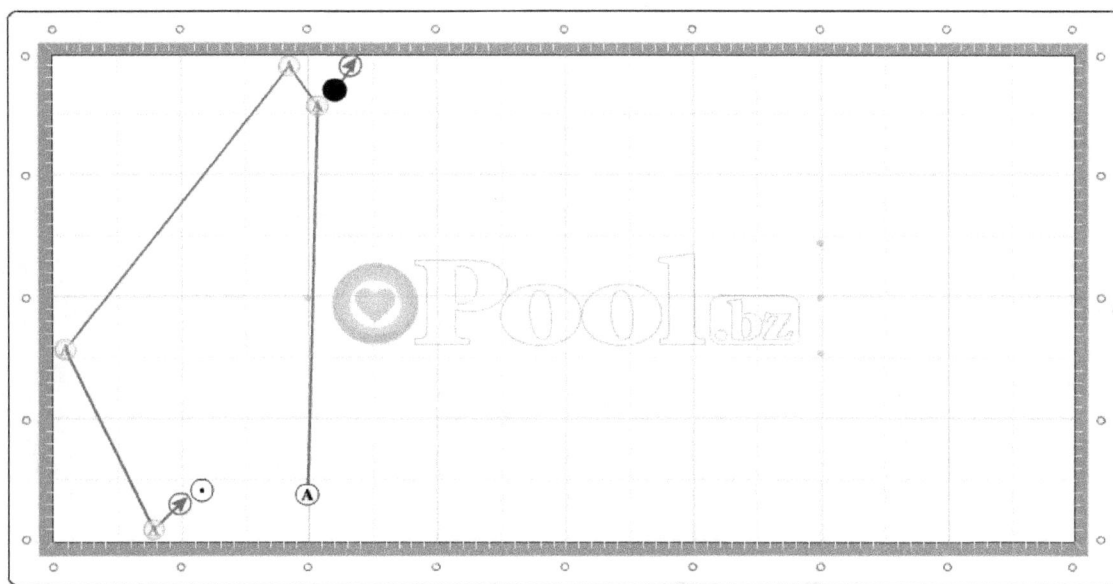

E:1b – Inrätta

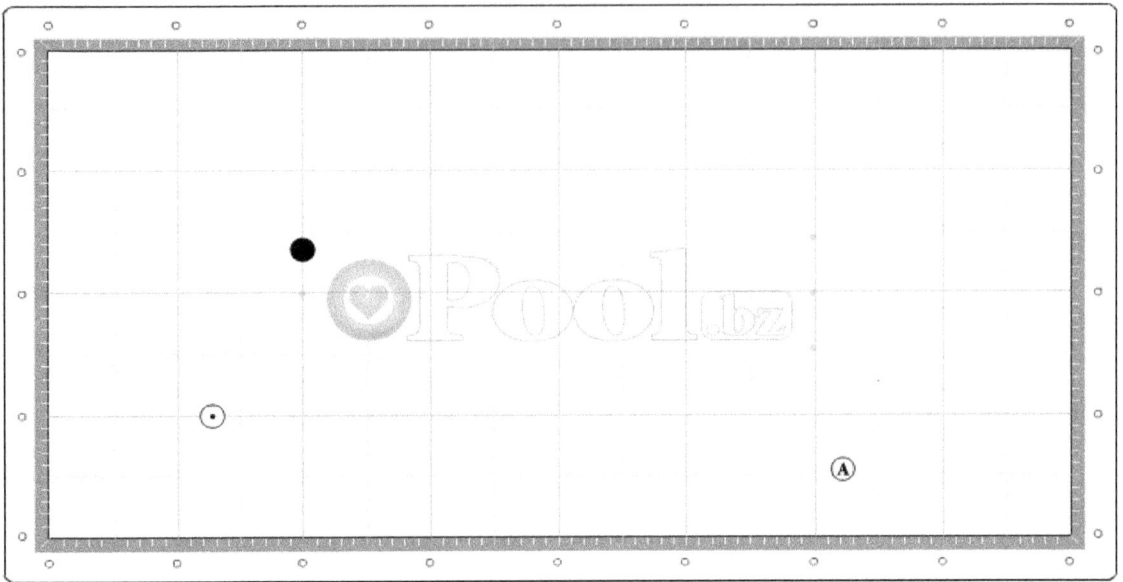

Anteckningar och idéer:

Skottmönster

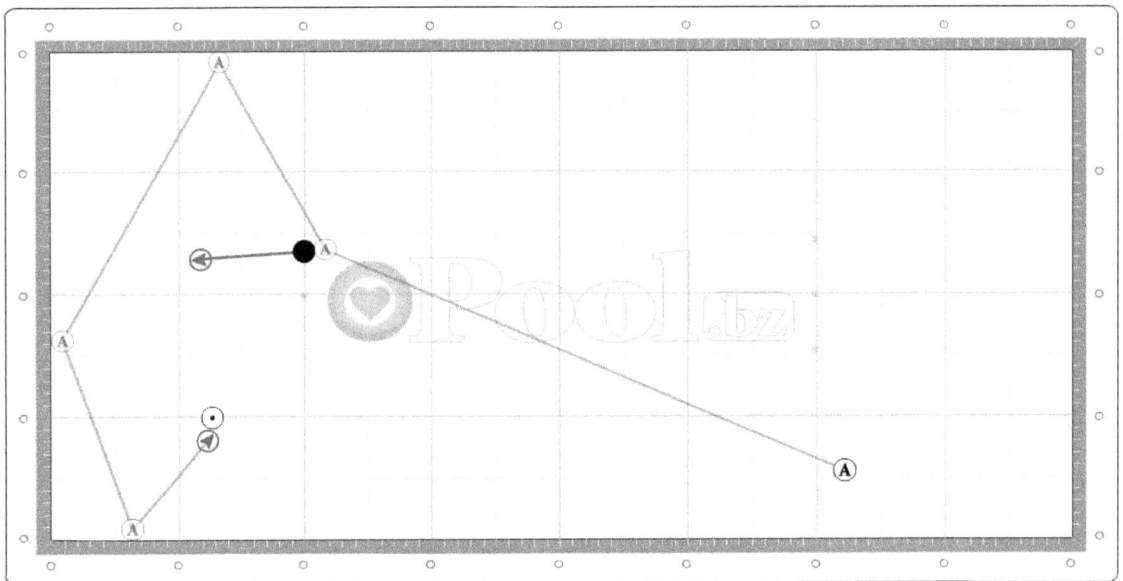

E:1c – Inrätta

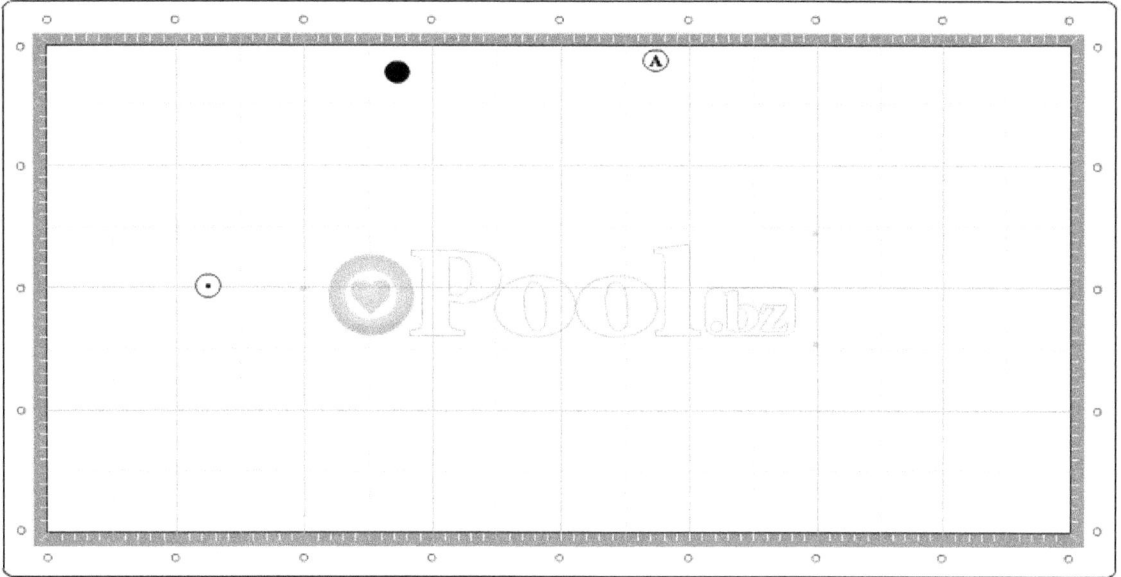

Anteckningar och idéer:

Skottmönster

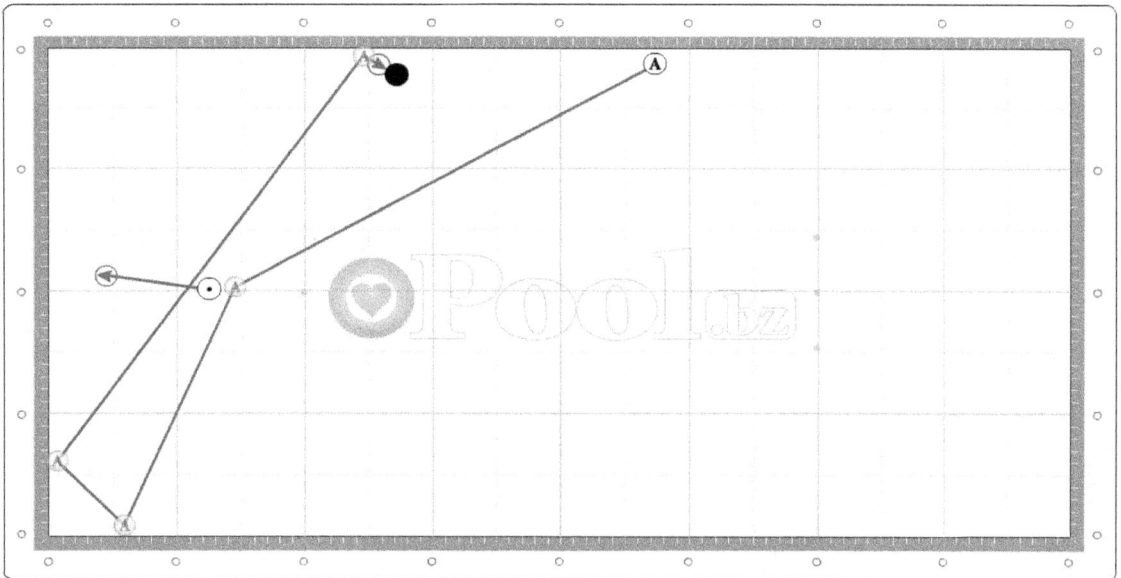

E:1d – Inrätta

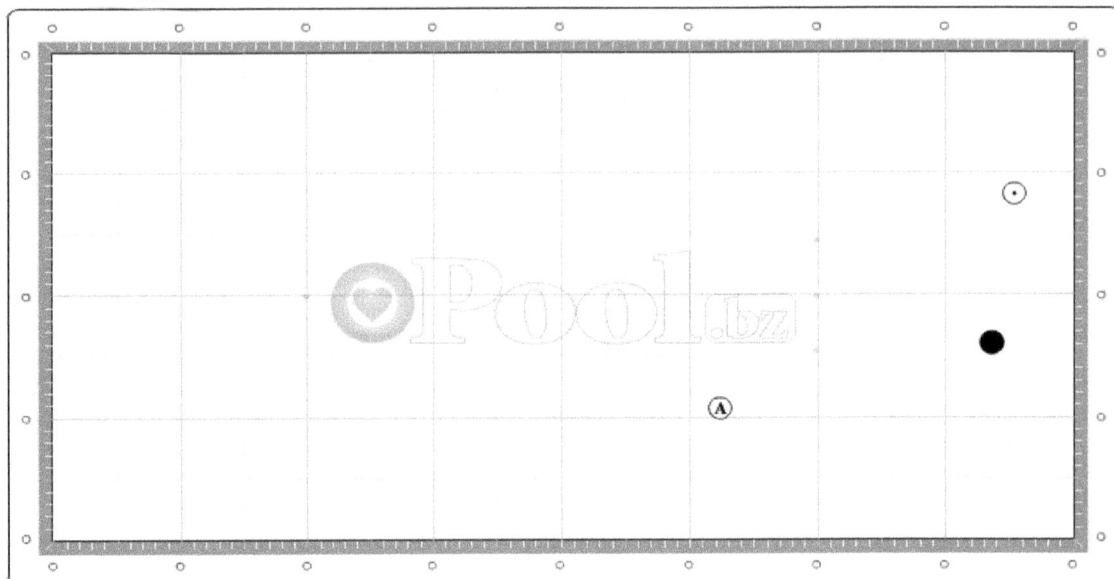

Anteckningar och idéer:

Skottmönster

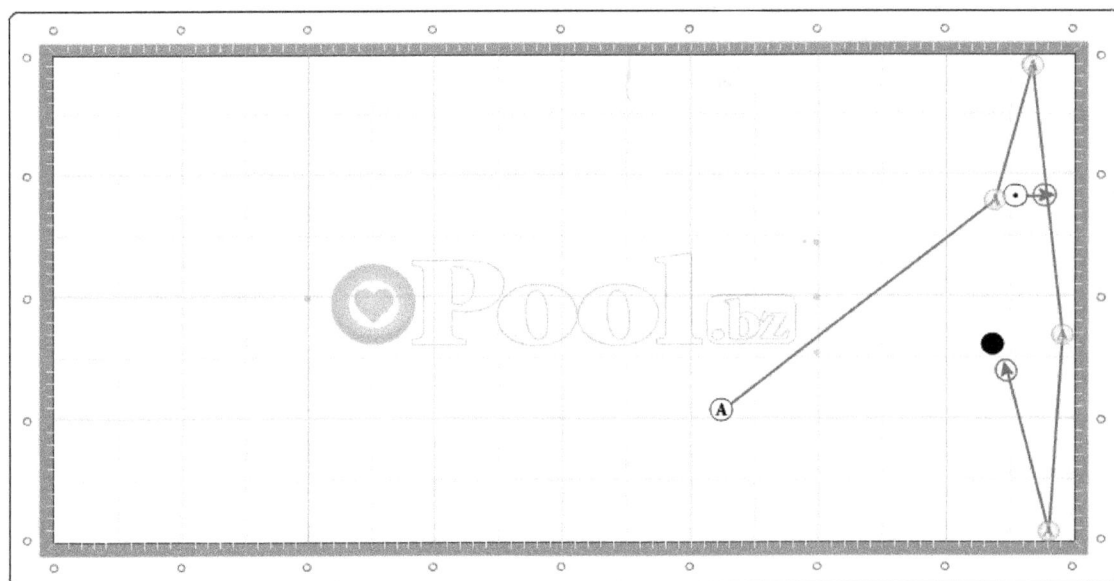

E: Grupp 2

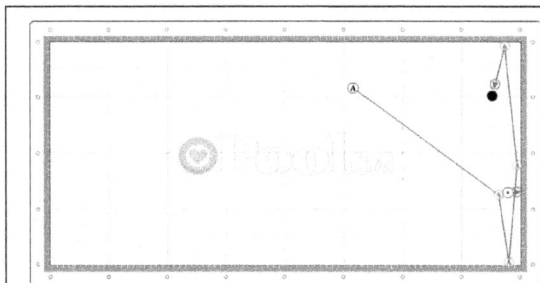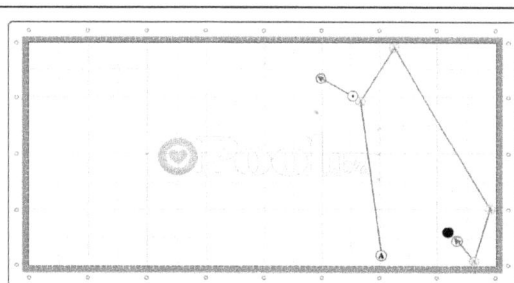
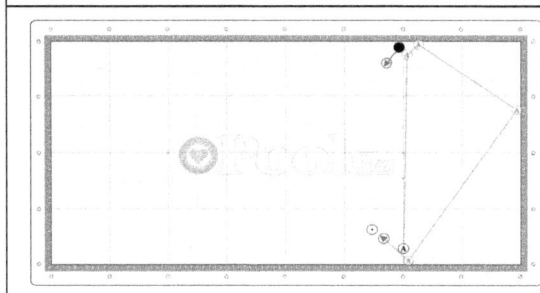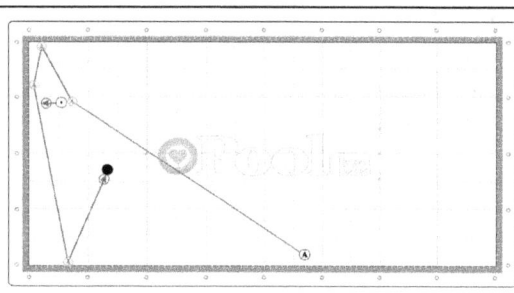

Analys:

E:2a. _____

E:2b. _____

E:2c. _____

E:2d. _____

E:2a – Inrätta

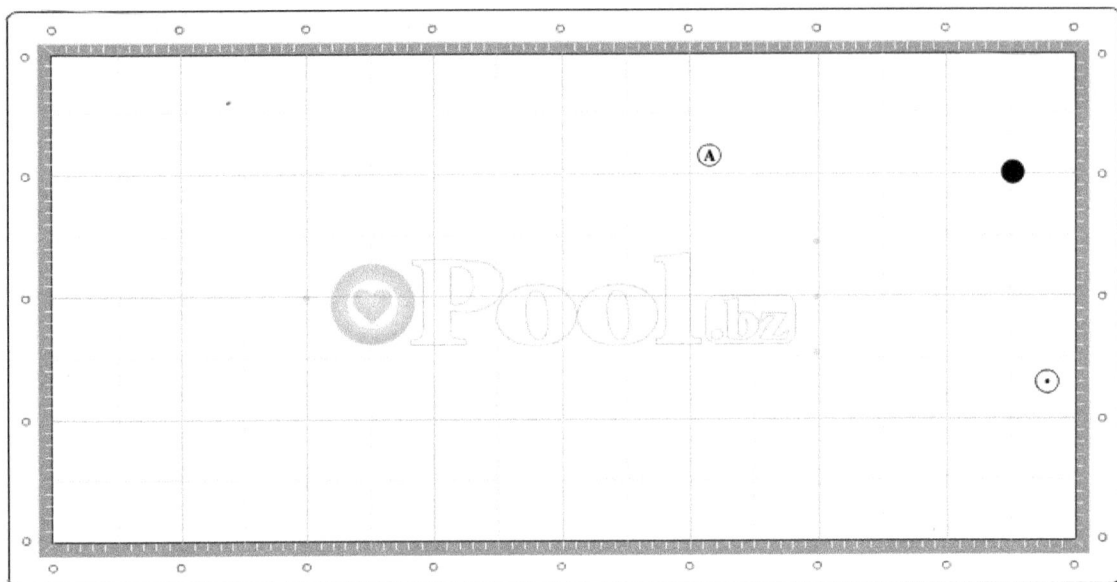

Anteckningar och idéer:

Skottmönster

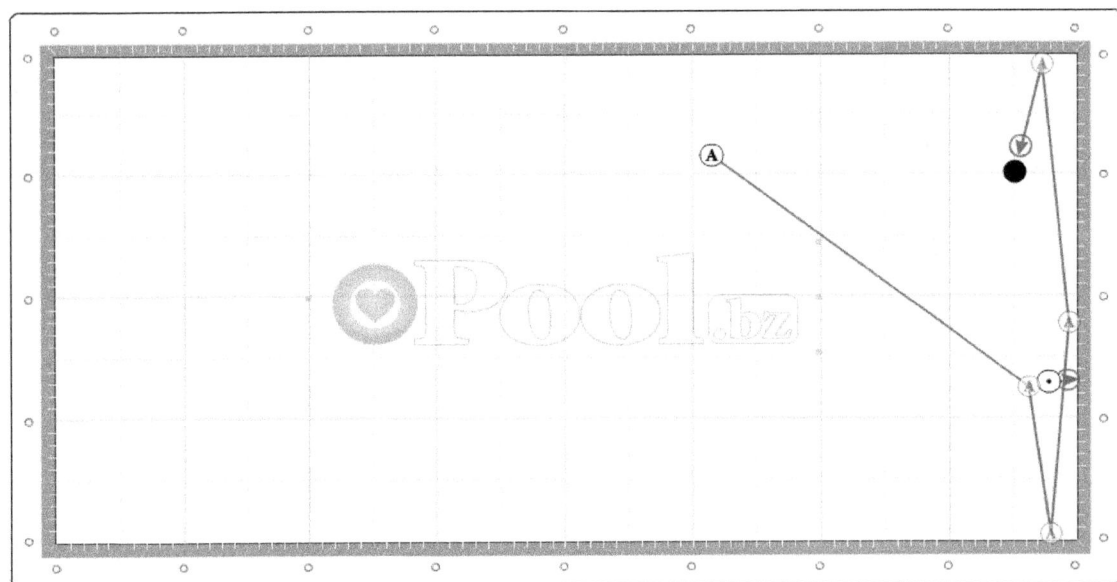

E:2b – Inrätta

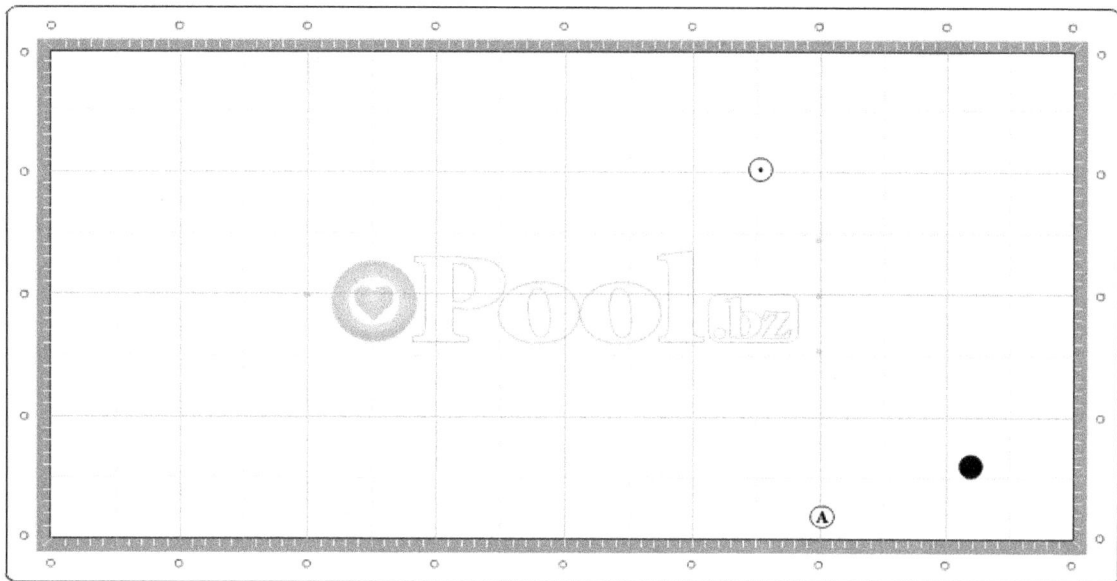

Anteckningar och idéer:

Skottmönster

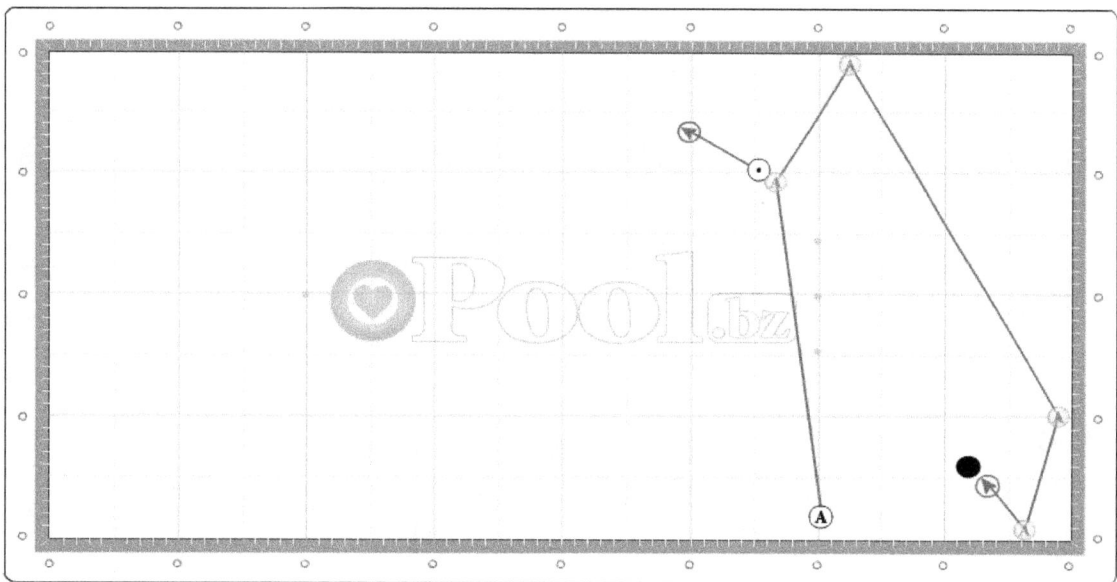

E:2c – Inrätta

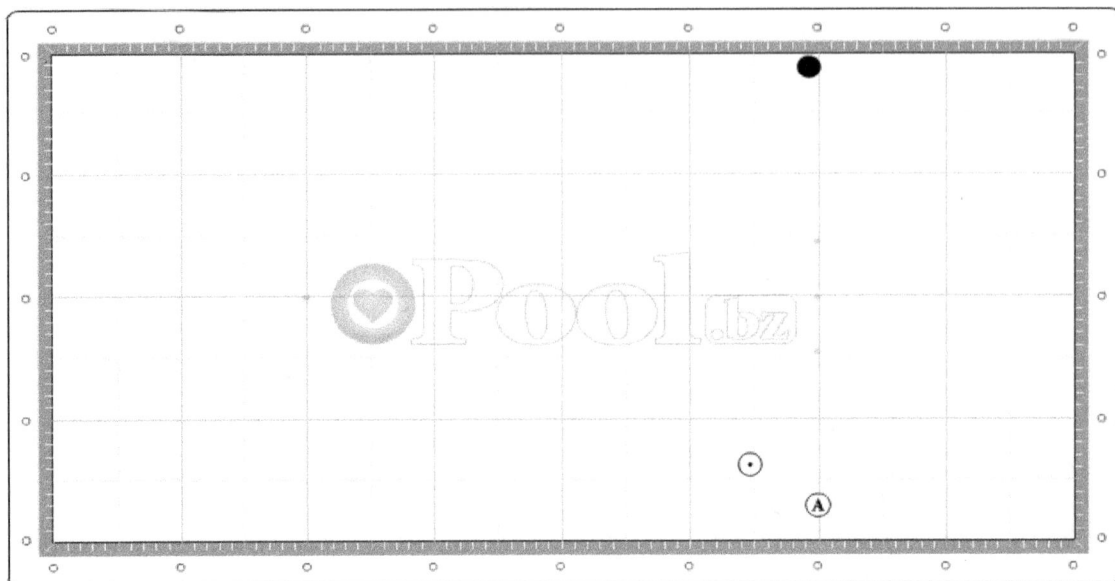

Anteckningar och idéer:

Skottmönster

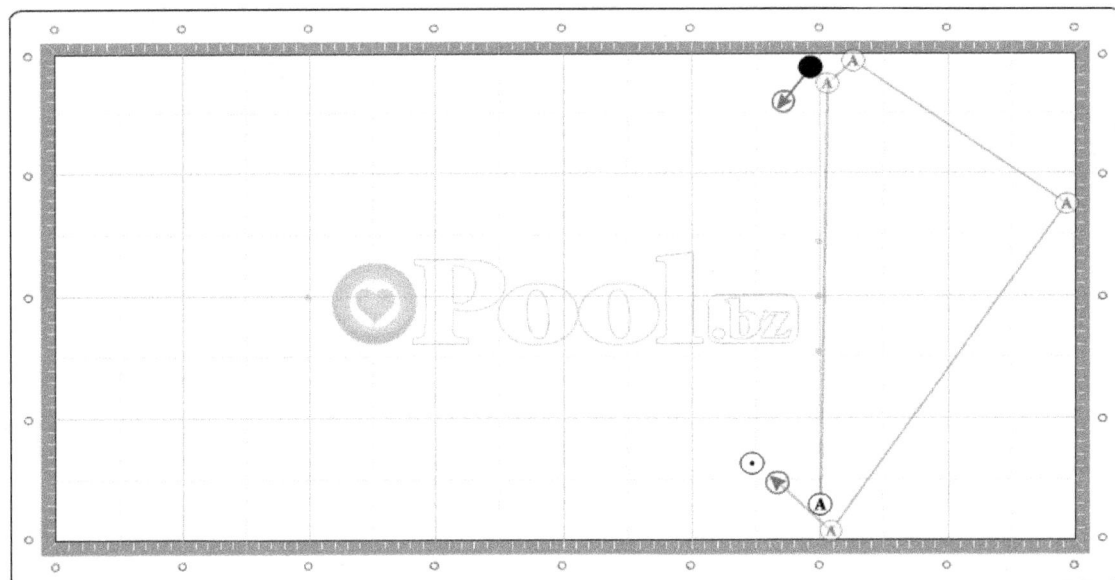

E:2d – Inrätta

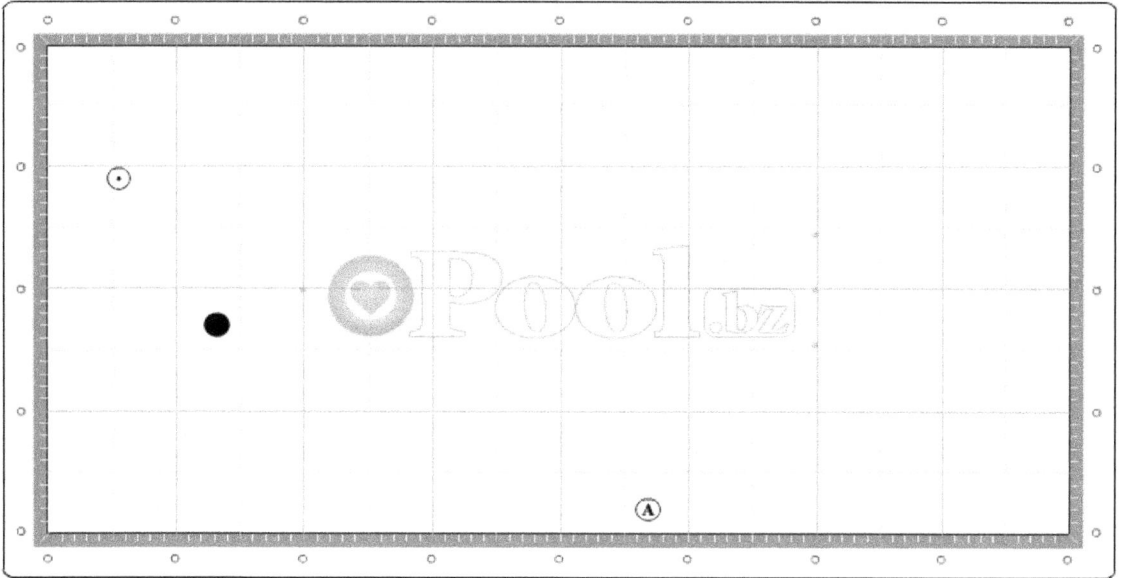

Anteckningar och idéer:

Skottmönster

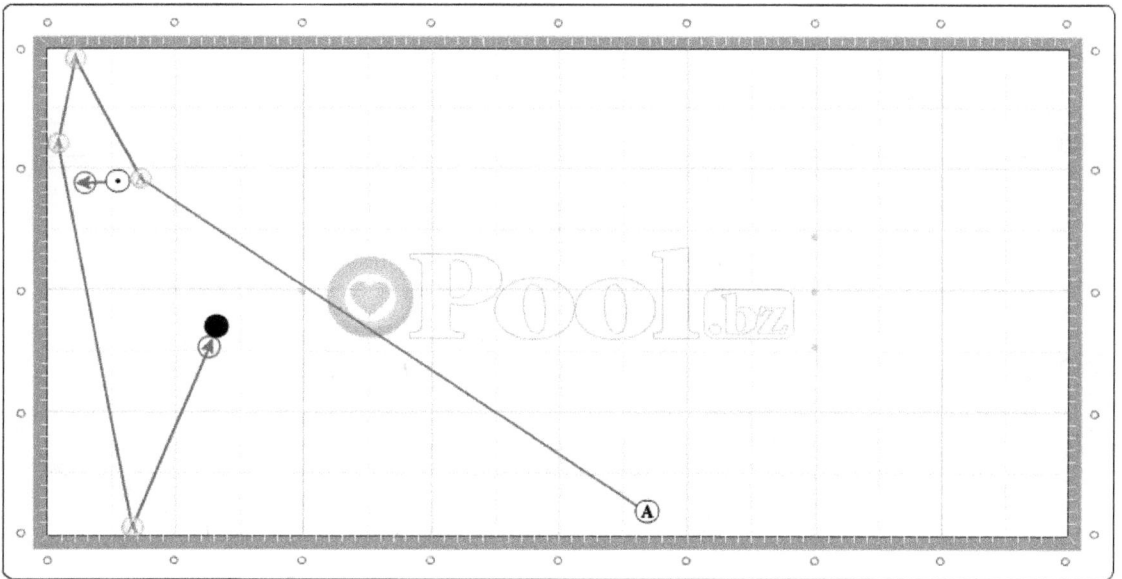

E: Grupp 3

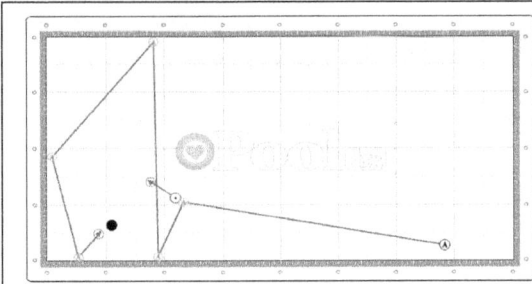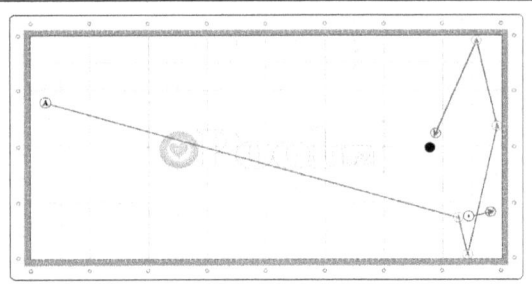
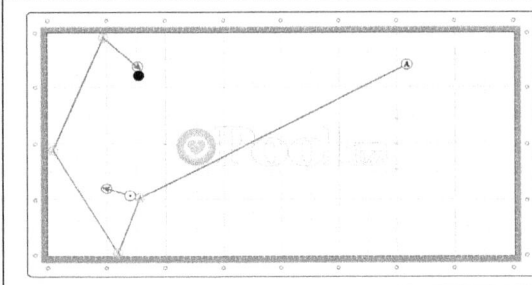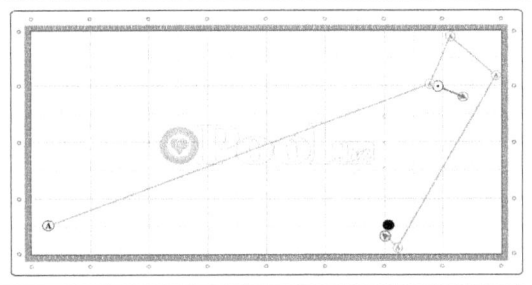

Analys:

E:3a. _____

E:3b. _____

E:3c. _____

E:3d. _____

E:3a – Inrätta

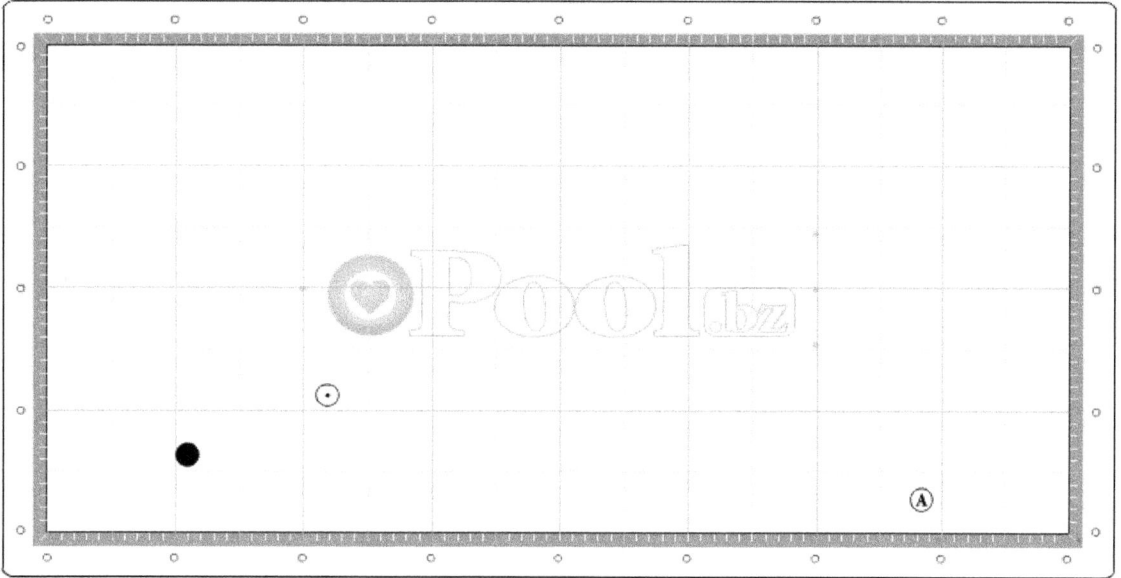

Anteckningar och idéer:

Skottmönster

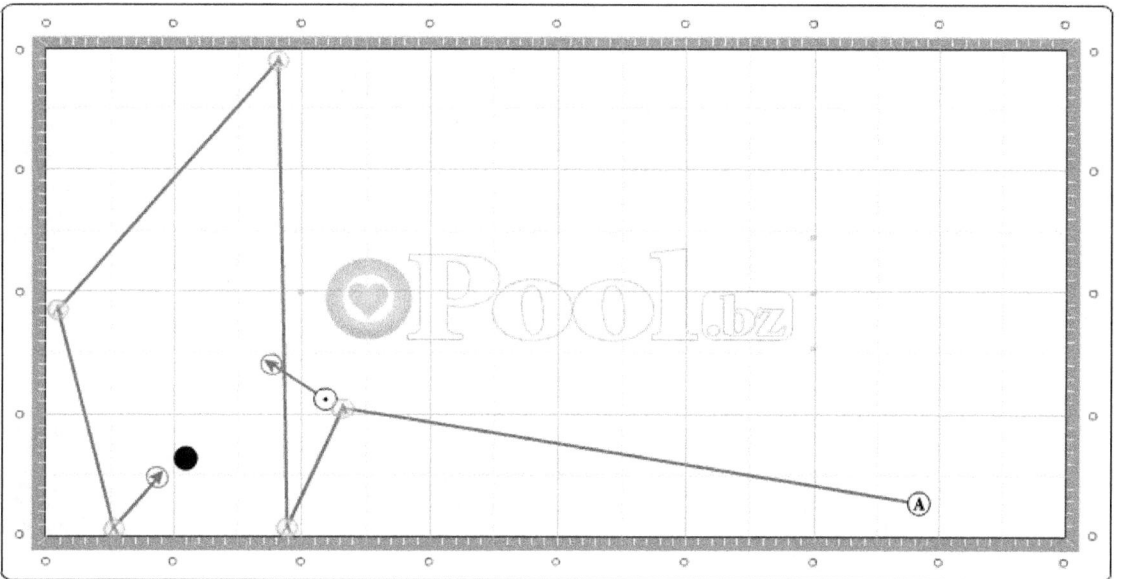

E:3b – Inrätta

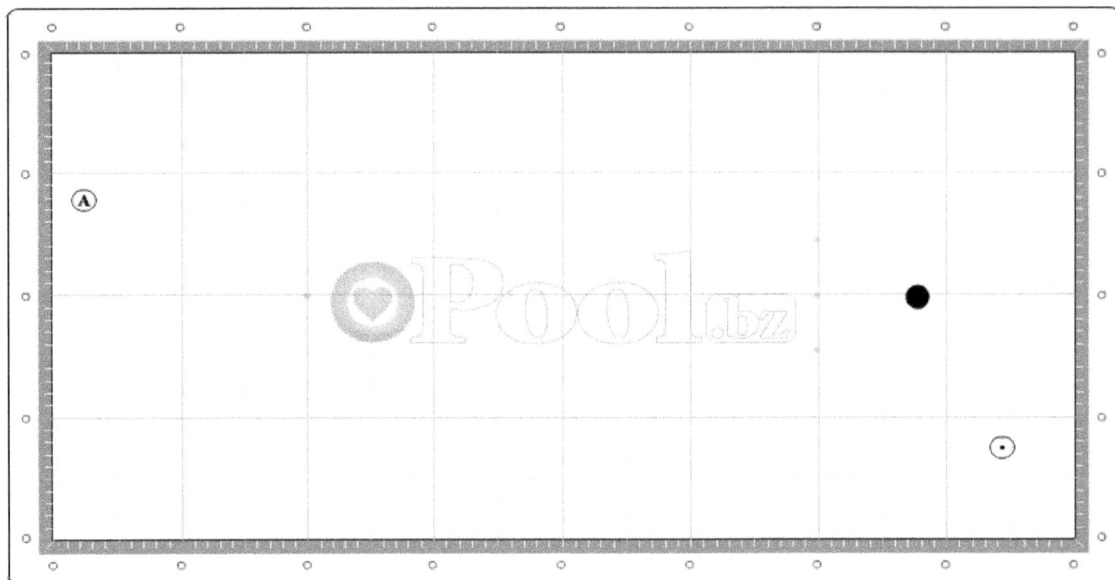

Anteckningar och idéer:

Skottmönster

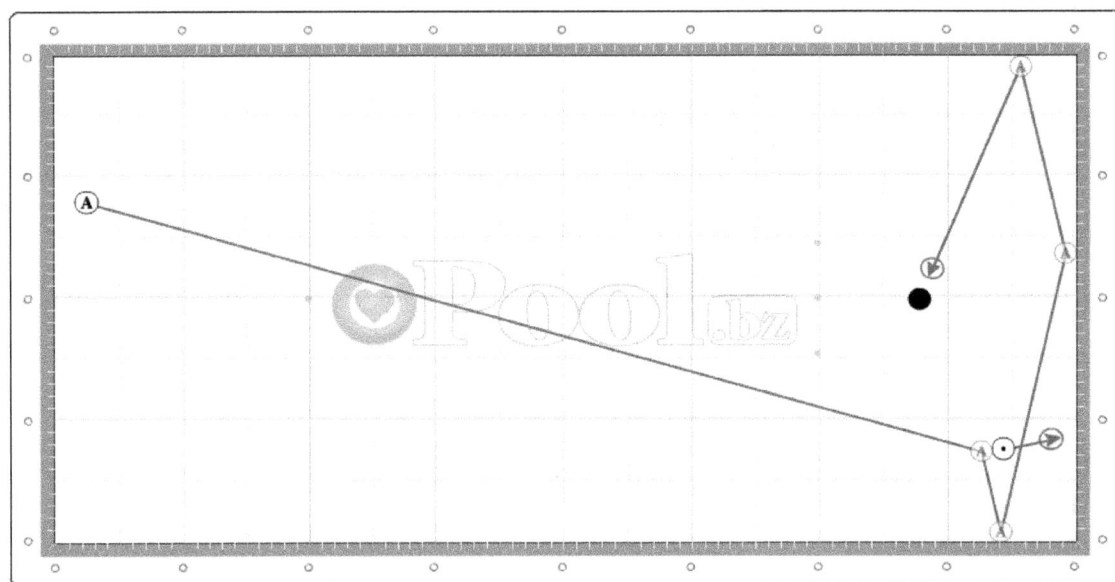

E:3c – Inrätta

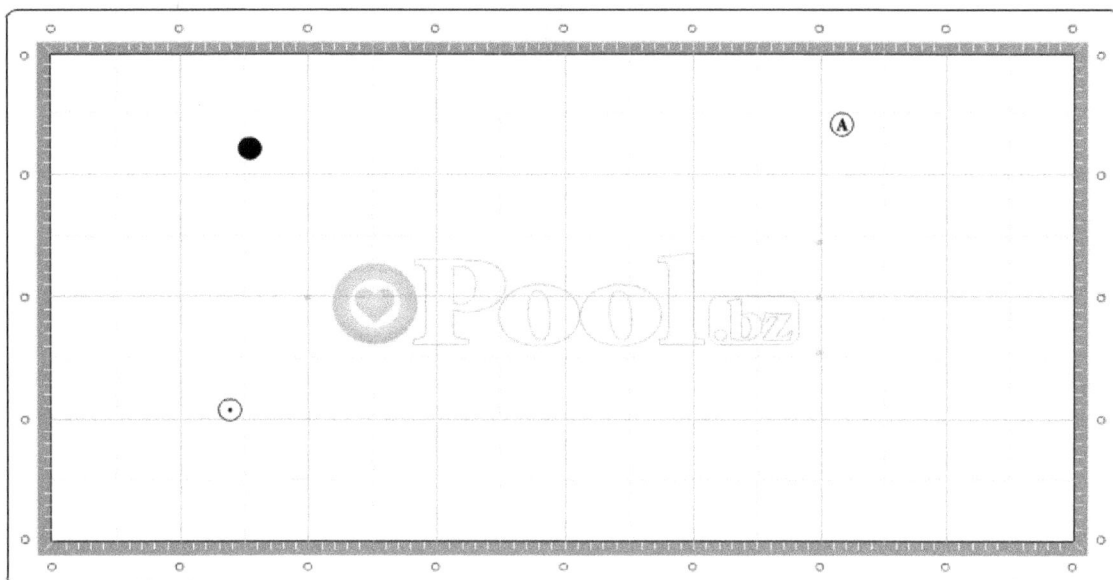

Anteckningar och idéer:

Skottmönster

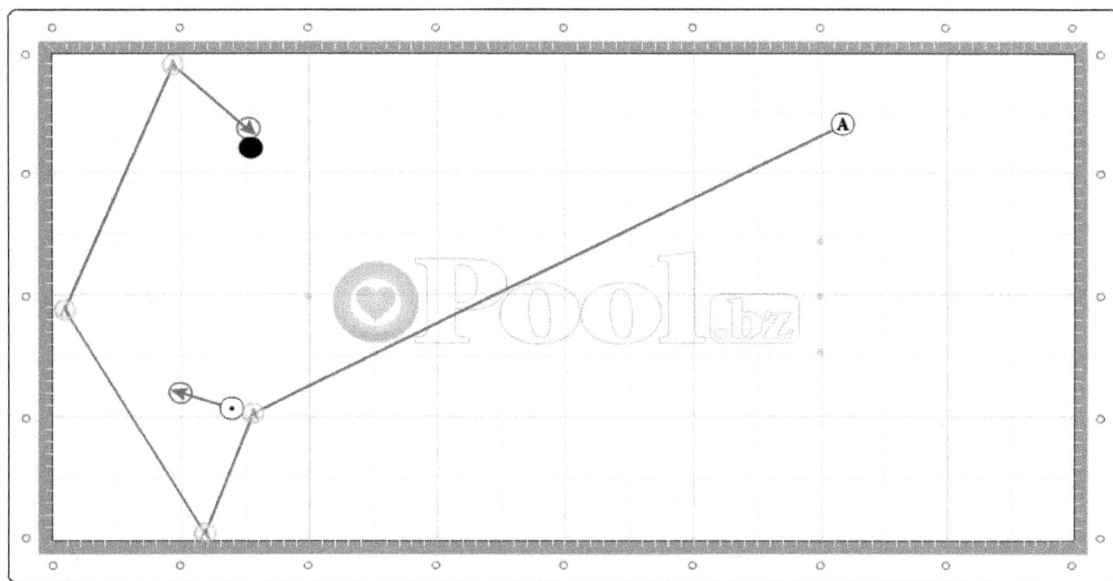

E:3d – Inrätta

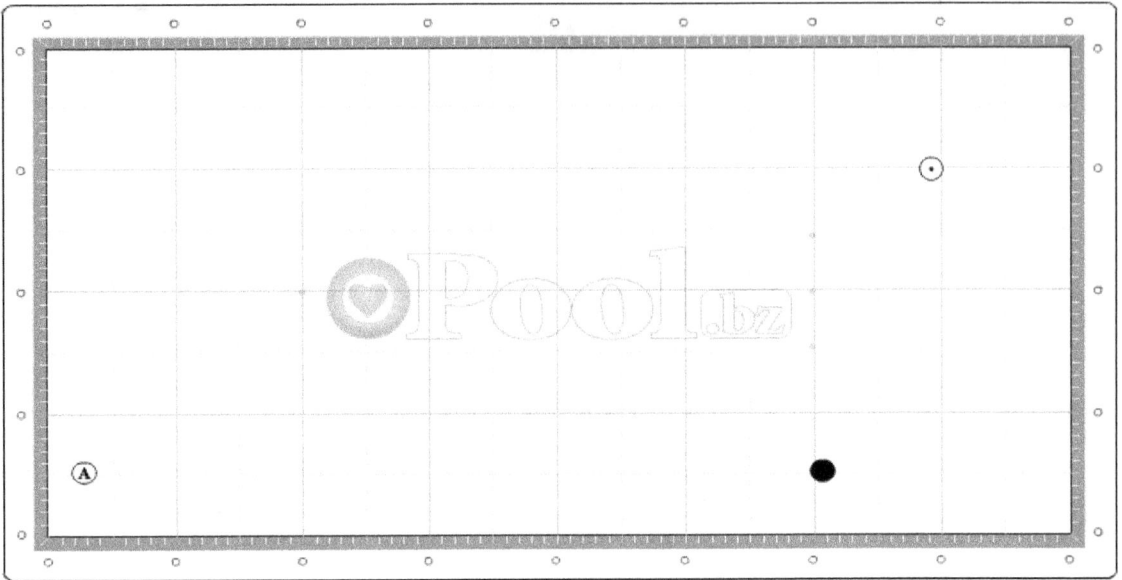

Anteckningar och idéer:

Skottmönster

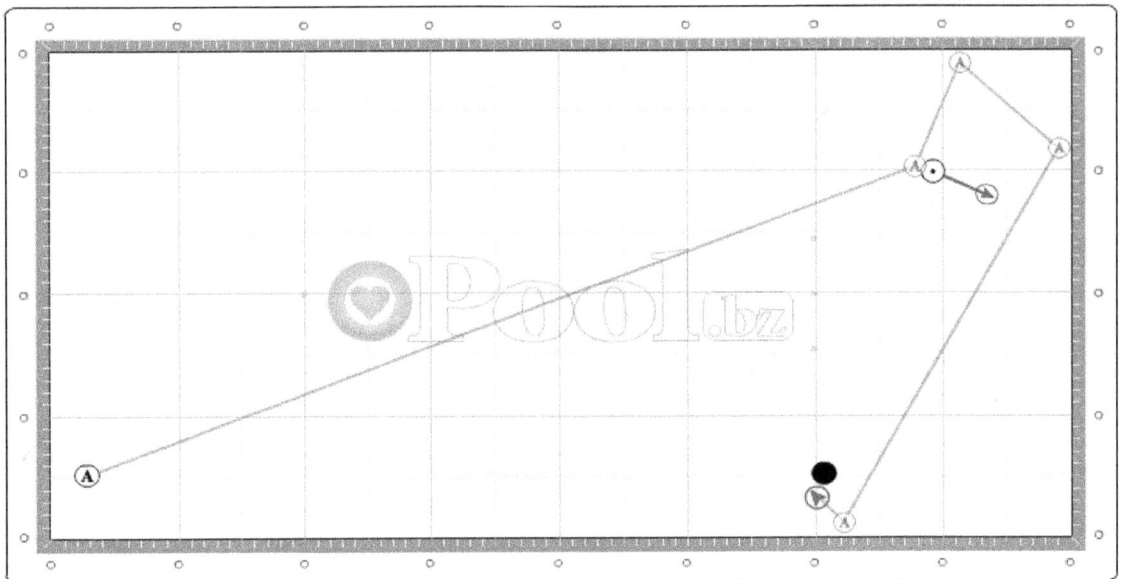

F: Tredje benet (förlängt)

När (CB) kommer från den första (OB), går den in i den långa vallar. Den går in i den korta vallar och den långa vallar, och reser sedan ett långt avstånd till det andra (OB).

Ⓐ (CB) (din biljardboll) - ⊙ (OB) (motståndare biljardboll) - ⬤ (OB) (röd biljardboll)

F: Grupp 1

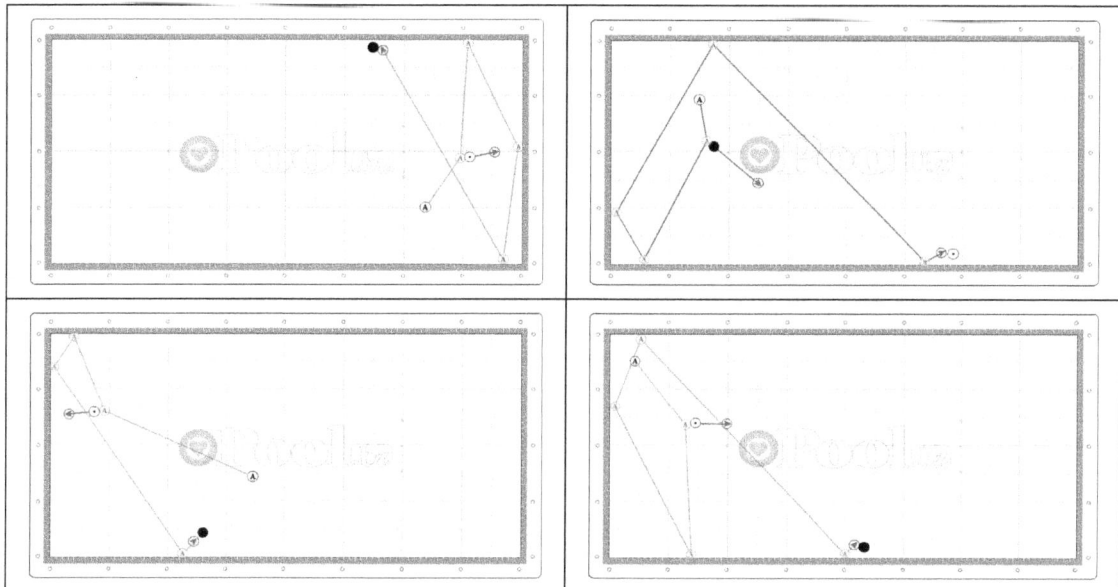

Analys:

F:1a. _____

F:1b. _____

F:1c. _____

F:1d. _____

F:1a – Inrätta

Anteckningar och idéer:

Skottmönster

F:1b – Inrätta

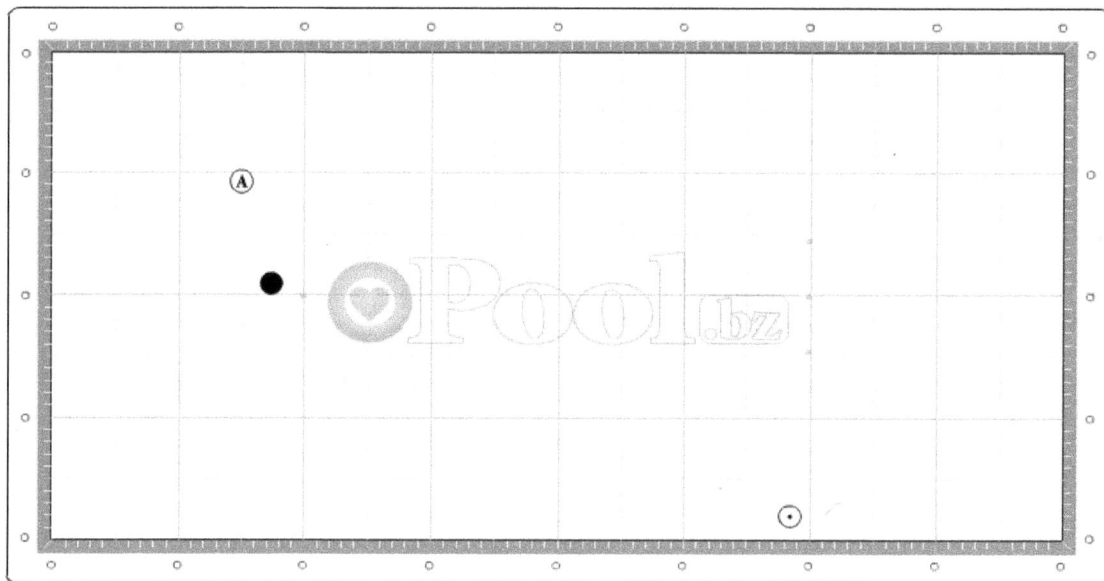

Anteckningar och idéer:

Skottmönster

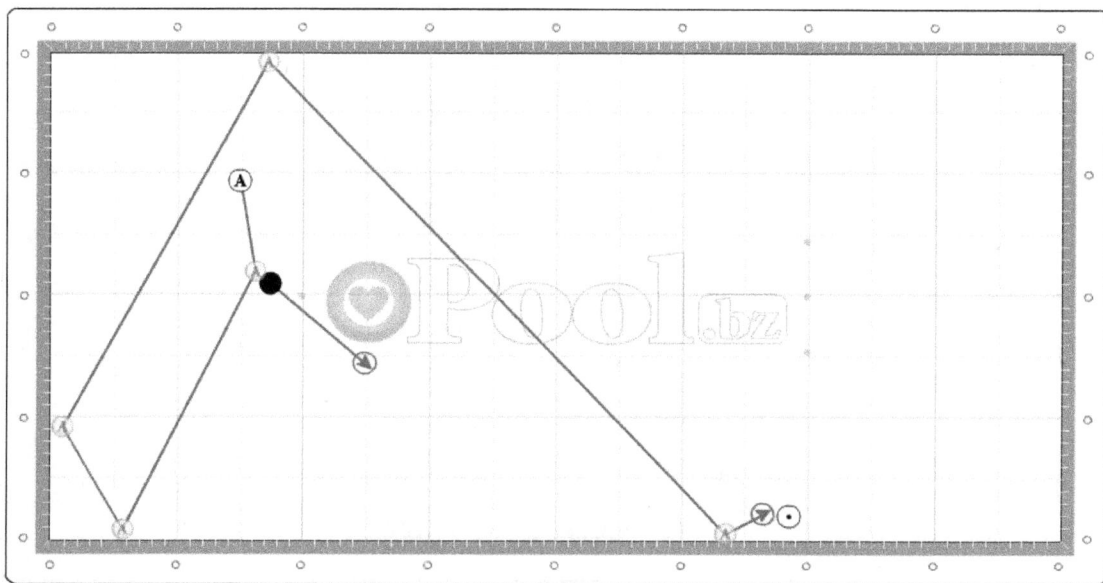

F:1c – Inrätta

Anteckningar och idéer:

Skottmönster

F:1d – Inrätta

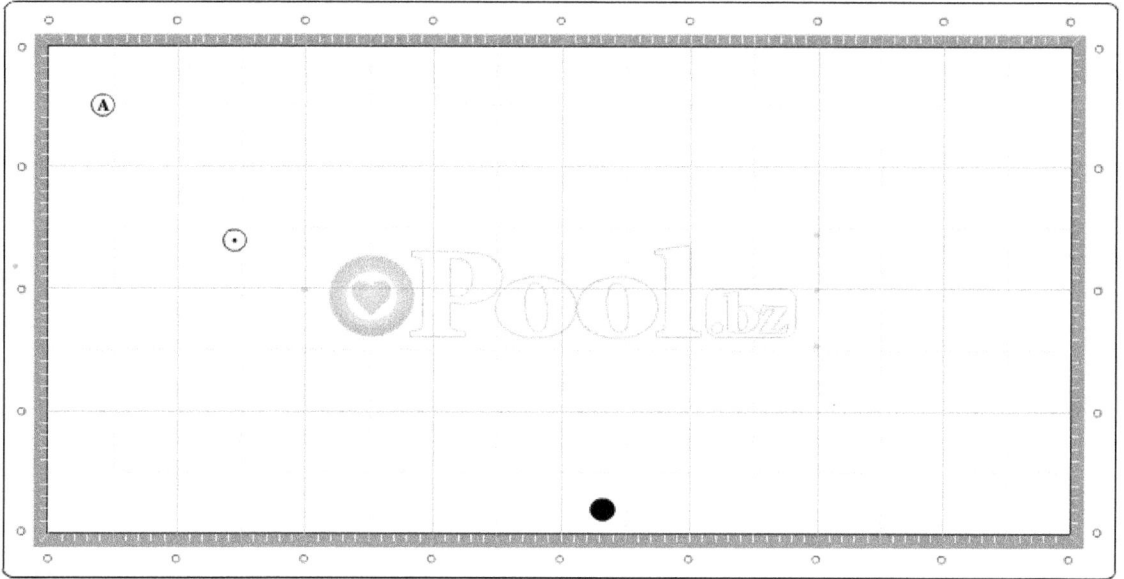

Anteckningar och idéer:

Skottmönster

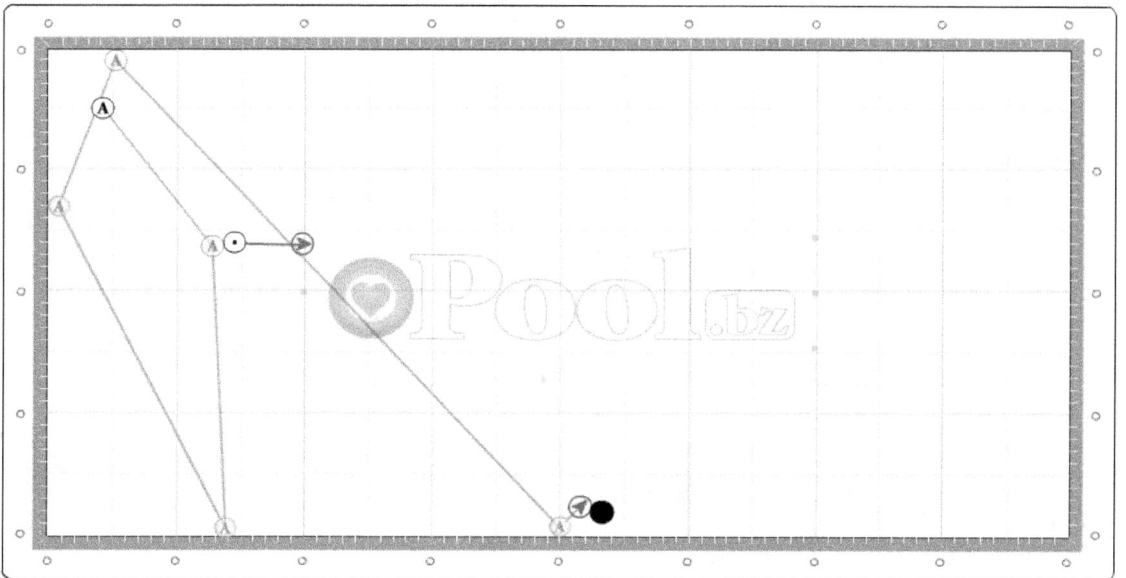

F: Grupp 2

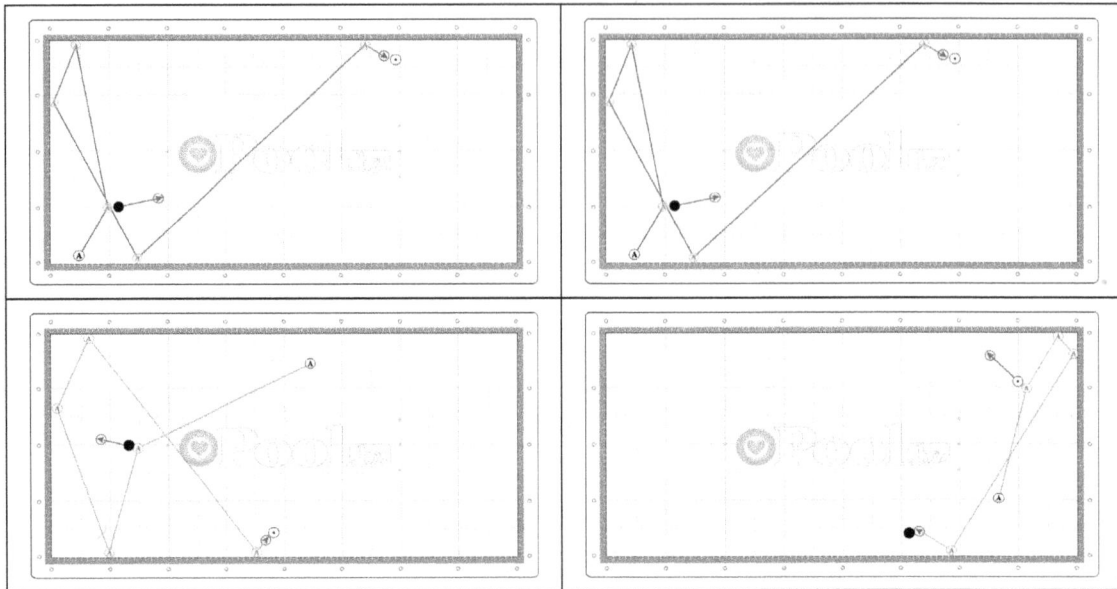

Analys:

F:2a. _____

F:2b. _____

F:2c. _____

F:2d. _____

F:2a – Inrätta

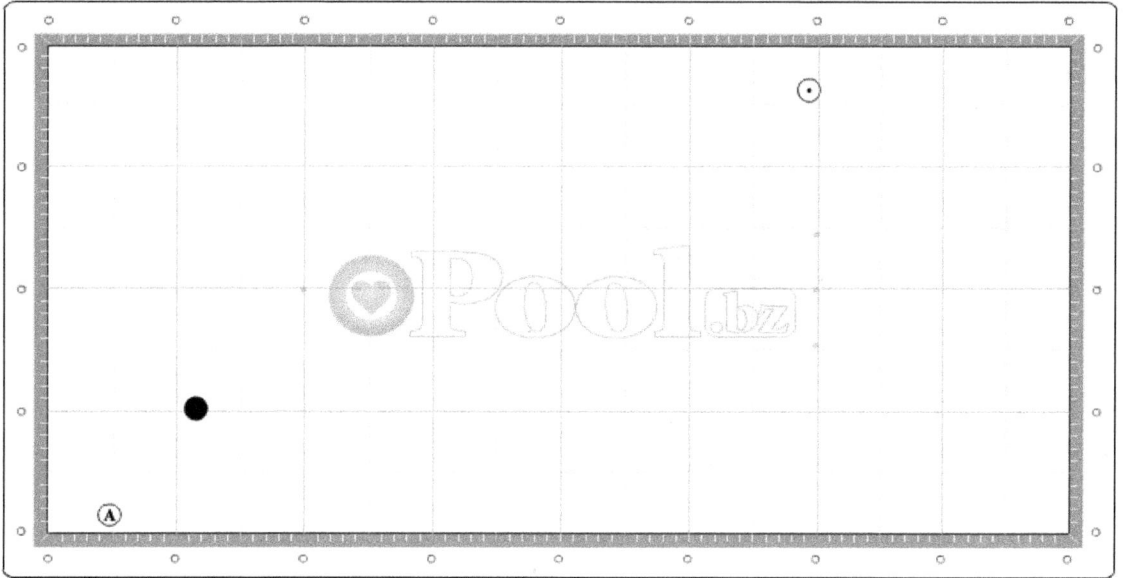

Anteckningar och idéer:

Skottmönster

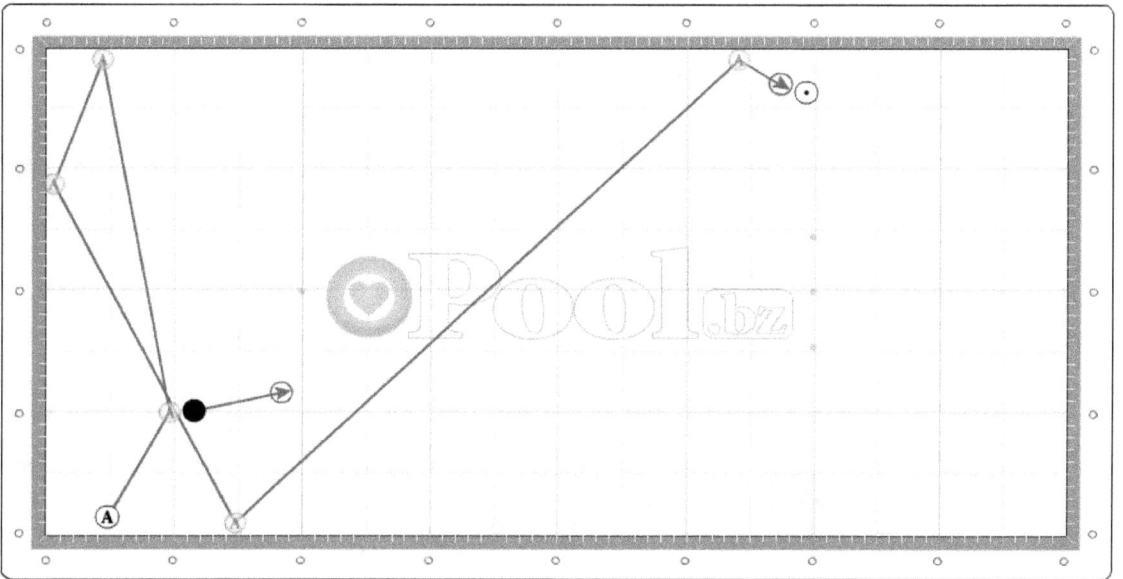

F:2b – Inrätta

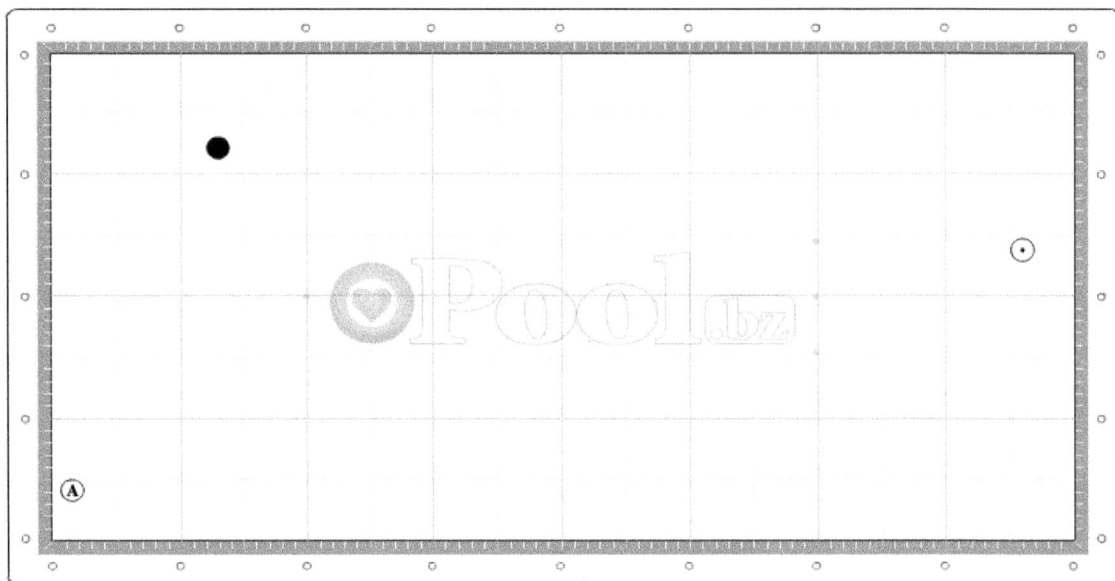

Anteckningar och idéer:

Skottmönster

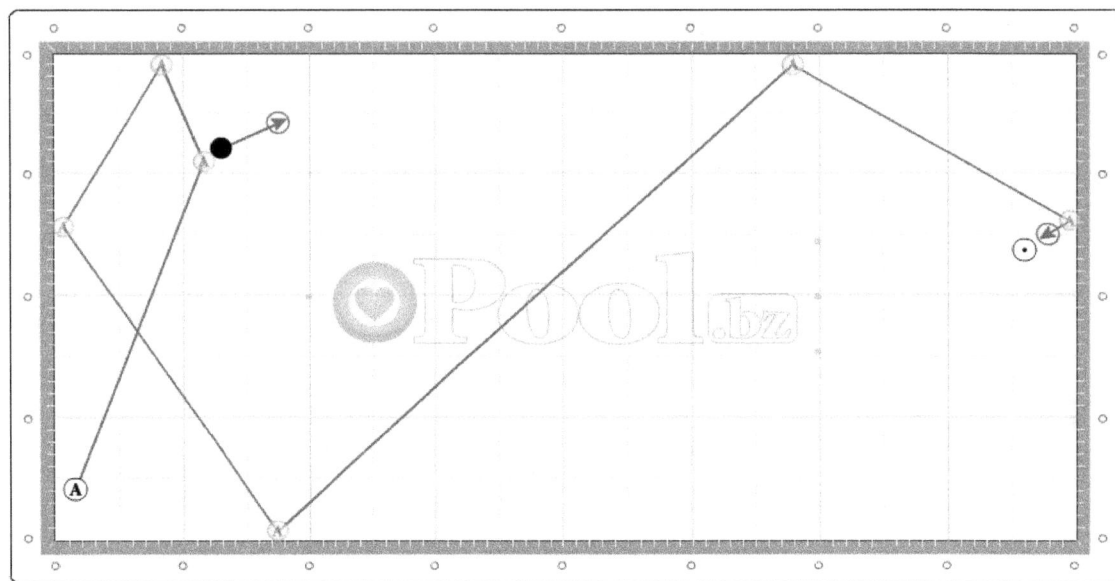

F:2c – Inrätta

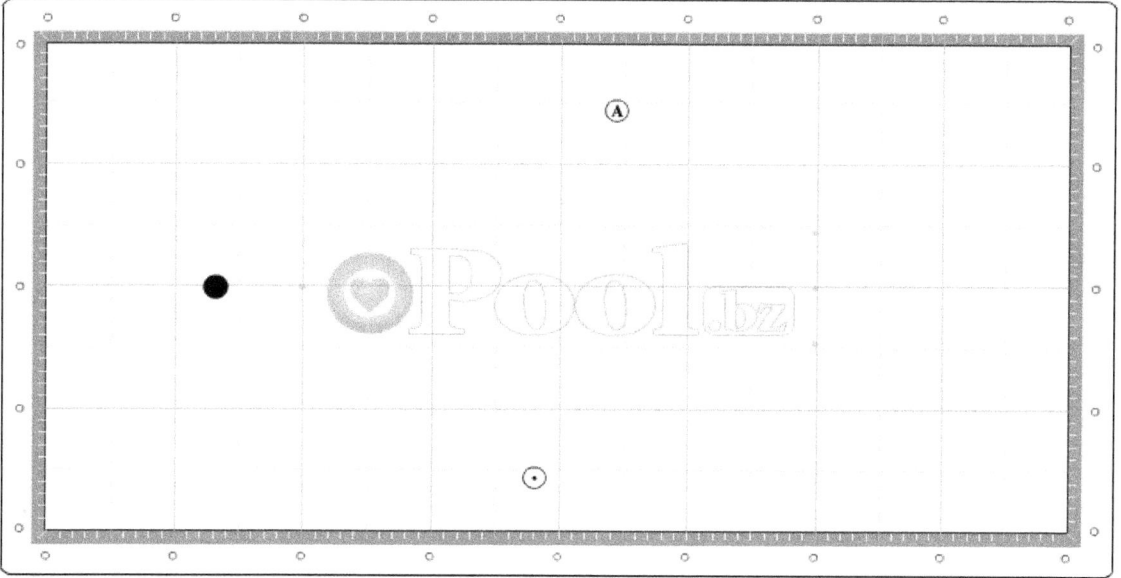

Anteckningar och idéer:

Skottmönster

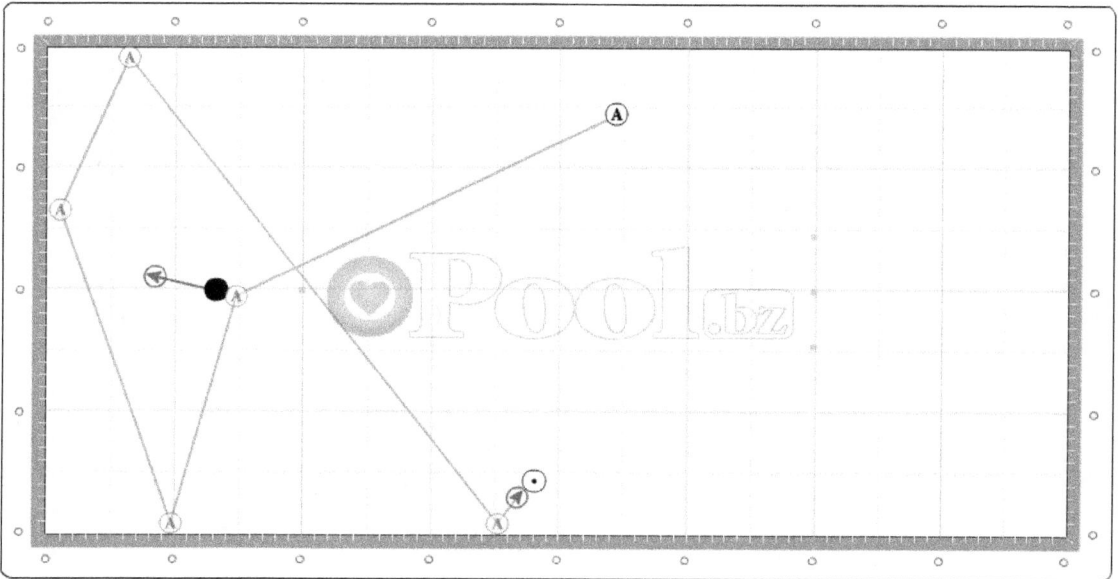

F:2d – Inrätta

Anteckningar och idéer:

Skottmönster

F: Grupp 3

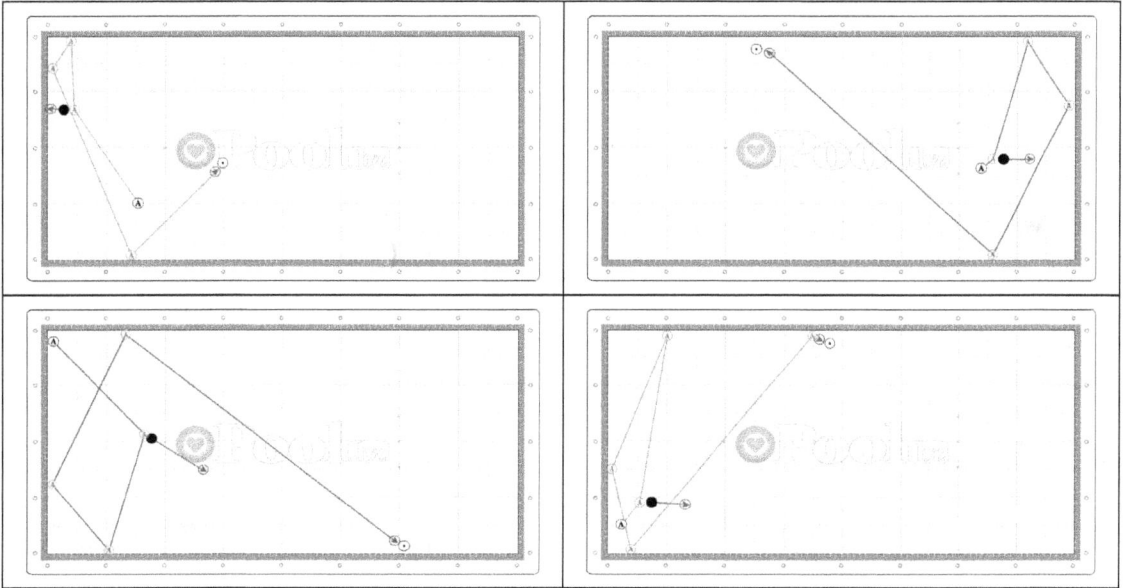

Analys:

F:3a. _____

F:3b. _____

F:3c. _____

F:3d. _____

F:3a – Inrätta

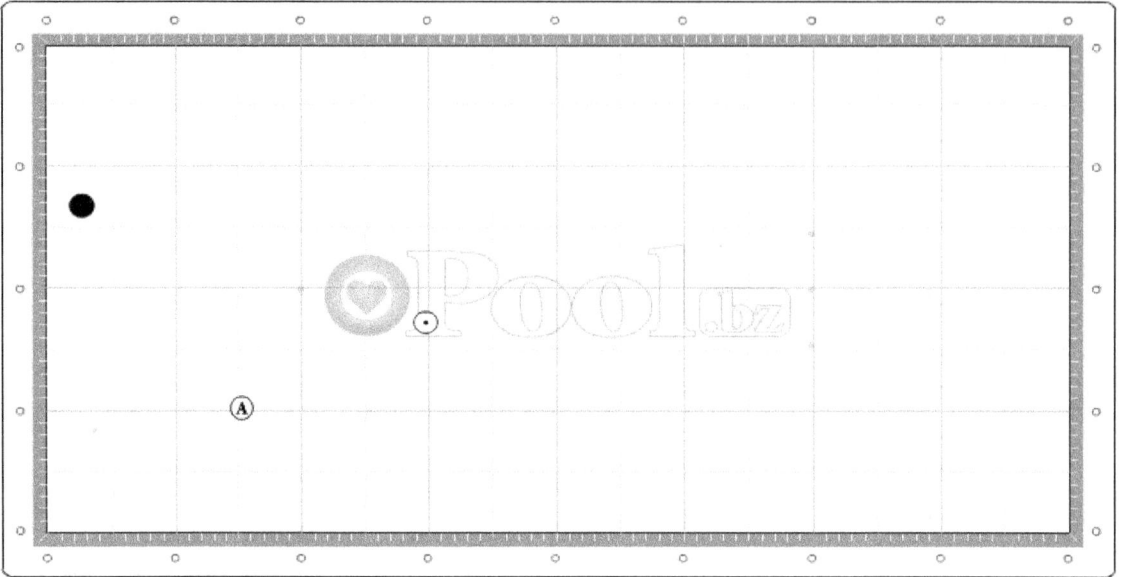

Anteckningar och idéer:

Skottmönster

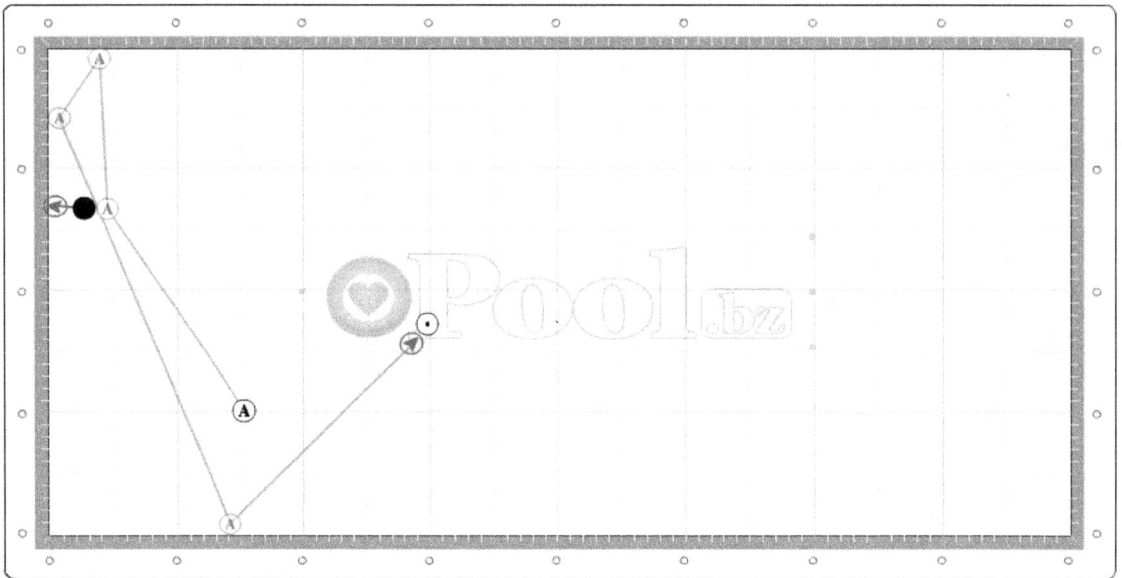

F:3b – Inrätta

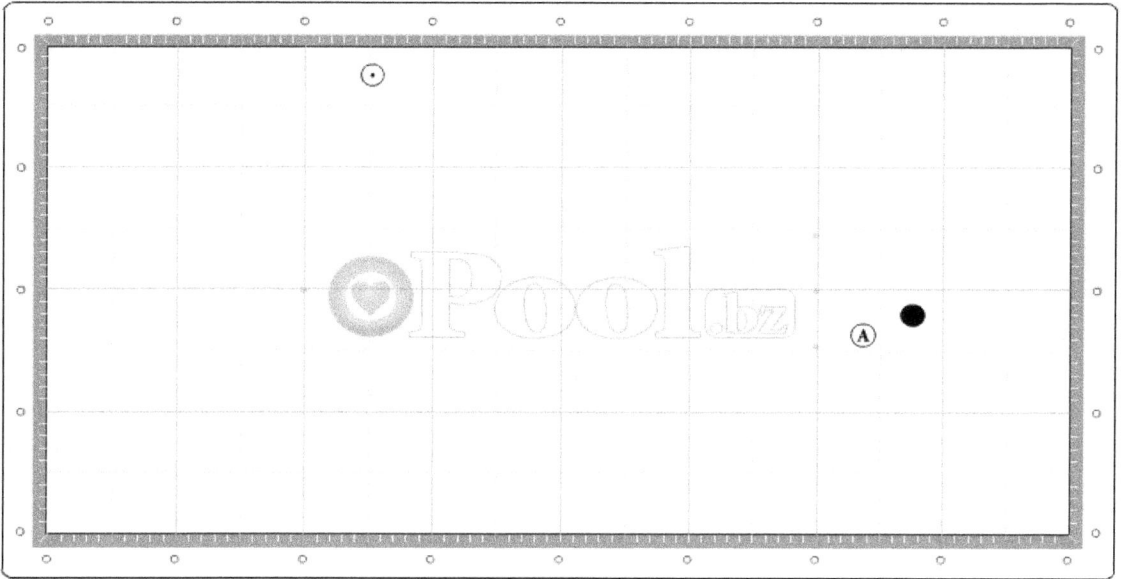

Anteckningar och idéer:

Skottmönster

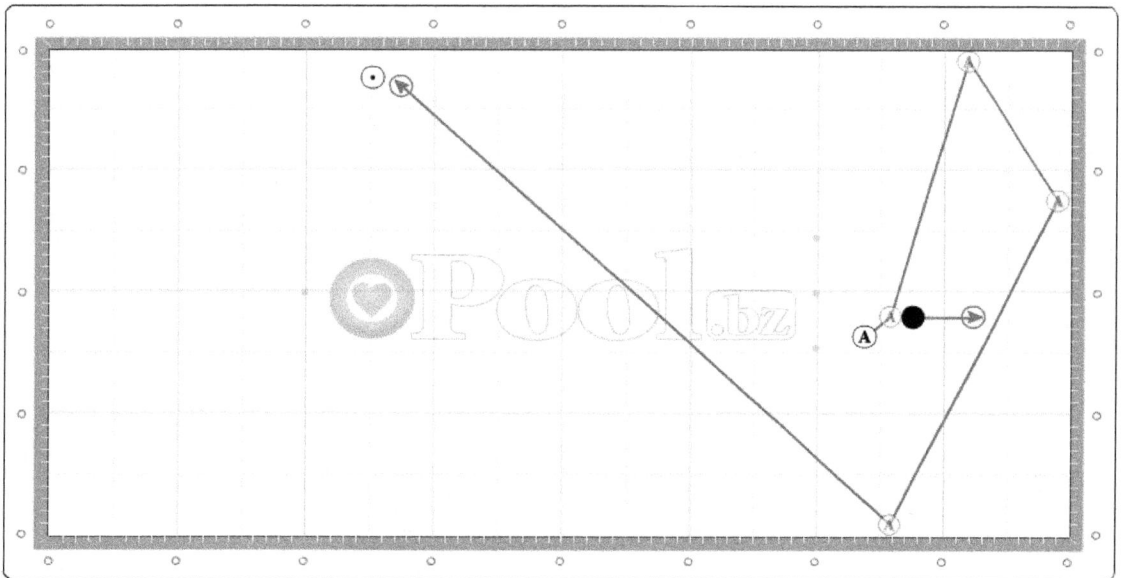

F:3c – Inrätta

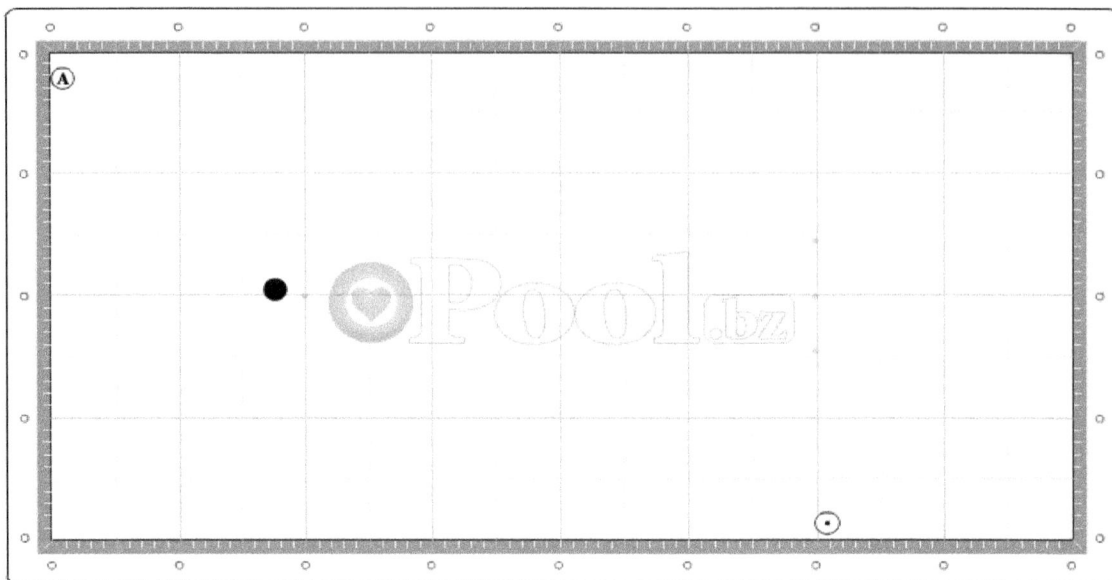

Anteckningar och idéer:

Skottmönster

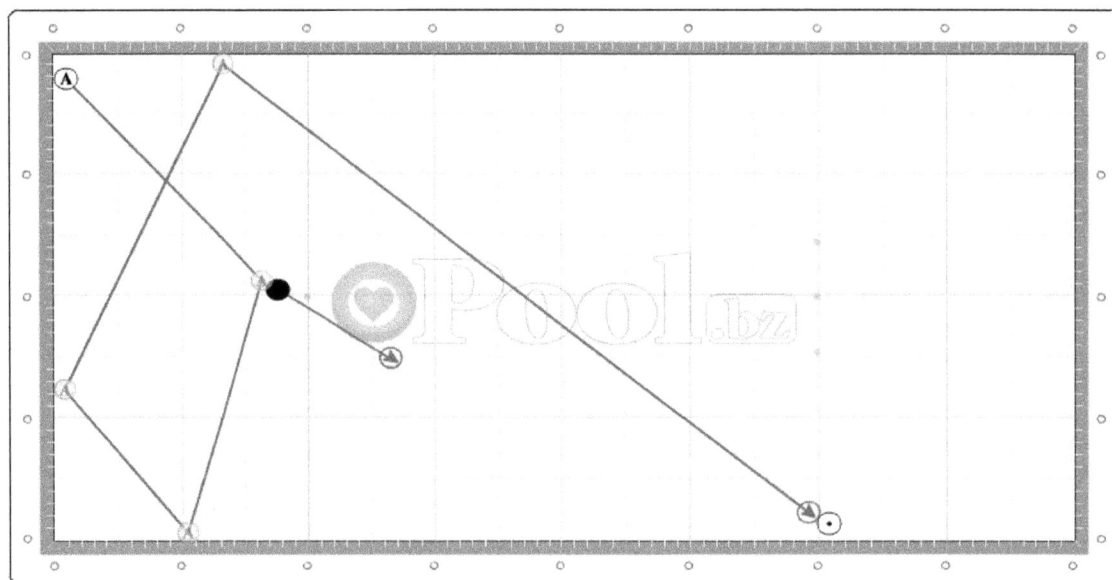

F:3d – Inrätta

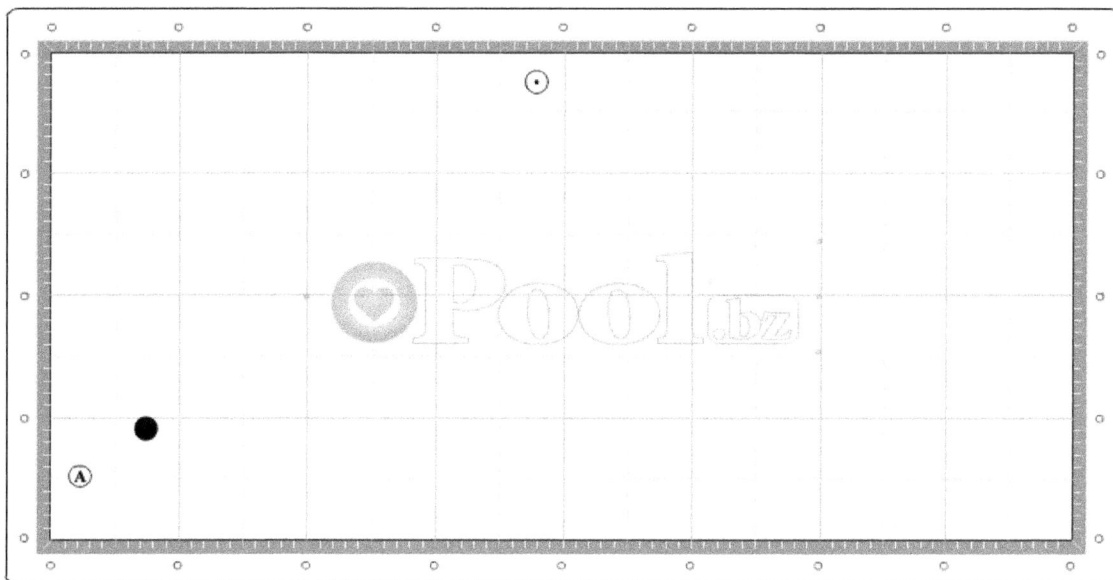

Anteckningar och idéer:

Skottmönster

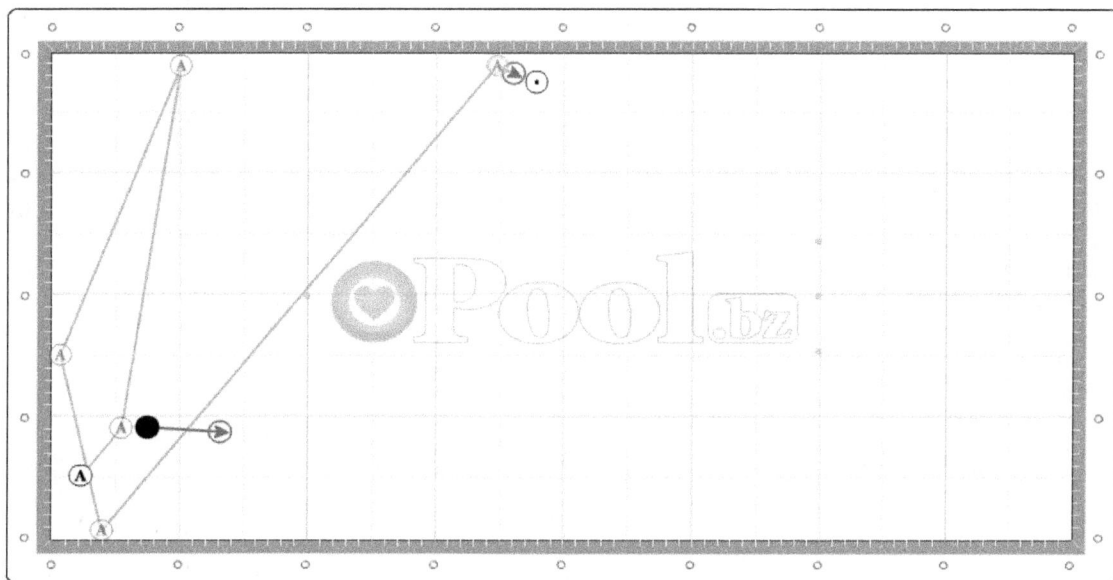

www.ingramcontent.com/pod-product-compliance
Lightning Source LLC
Chambersburg PA
CBHW062053090426

42740CB00016B/3122